소중한 _____ 에게

지혜로운 삶으로
당신을 초대합니다.

_____ 드림

사사기, 룻기.쓰다
JUDGES, RUTH WRITE

에이프릴지저스 편집부

개역
개정

사사기, 룻기.쓰다

필사는, 정독 중의 정독!
가장 적극적인 성경읽기입니다.

기록자
WRITER

시작일
START DATE

마감일
COMPLETE DATE

사사기는

여호수아가 죽은 후부터 이스라엘에 왕이 세워지기까지 사사들이 활동했던 시기의 기록입니다. 하나님의 구원을 잊고 계속적인 불순종과 패역을 일삼은 이스라엘 백성을 거듭 용서하시고 구원하시는 하나님의 사랑이 나타납니다. 사사기의 제목은, '하나님께서 사사를 세우셨다'라는 본문 말씀에서 연유되었습니다(삿2:16)

사사기 구조, 21장 618절

1~3:6장	사사 시대의 배경	
3:7~16장	사사 시대의 역사	이스라엘의 타락과 하나님의 구원
17~21장	타락	

룻기의

역사적 배경은 사사시대입니다. 사사시대는 영적 타락, 도덕적 부패 등 혼돈의 시기였으나 이러한 시대 조류와는 반대로 역경 가운데서도 신앙을 지키는 세명의 주요 인물들에 대해 이야기합니다. 이 후손에서 예수 그리스도의 조상이 된 다윗이 태어납니다. 하나님이 거의 언급되지 않은 룻기에서의 하나님은, 이방인이든 이스라엘 백성이든 하나님의 백성이 되고자 하는 자에게 차별없이 은혜 베푸심을 알 수 있습니다.

룻기 구조, 4장 85절 믿음과 사랑의 승리(기업 무를자)

역사서

구약 성경의 두 번째 부분인, 여호수아부터 에스더까지 열두 권을 흔히 '역사서'라고 합니다.

[역사서 분류(12권)]

성경	연대(주전)	시대
여호수아	1405-1390	가나안 정복시대
사사기, 룻기	1390-1050	사사 시대
사무엘상/하, 열왕기상 1-11장 역대상, 역대하 1-9장	1050-931	통일왕국시대
열왕기상 12-22장 열왕기하, 역대하 10-36장	931-586	분열왕국시대
에스라, 느헤미야, 에스더	586-430	바벨론 포로기와 귀환기

왜 필사인가?

필사는 정독 중의 정독입니다. 성경이 말하고자 하는 의미와 말씀이 살아 움직이는 체험을 하고 싶다면 빠르게 성경책을 넘기지 말고 정독하는 것이 좋습니다. 필사는 천천히 한자 한자 정성껏 쓰고 또 확인하며 천천히 읽게 되므로 말씀을 더 깊이 느낄 수 있는 시간이 주어집니다. 그동안 보이지 않았던, 말씀의 한 구절 한 구절이 가슴을 울리며 깊이 다가오는 경험을 갖게 됩니다. **필사라는 가장 적극적인 성경읽기를 통해,** 말씀이 살아 움직임을 느끼고 삶의 변화까지 선물 받는 놀라운 필사의 경험을, 반드시 스스로에게 선물하기를 바랍니다.

왜 모눈(그리드) 인가?

수많은 대부분의 노트들은 줄로 이루어져 있습니다. 줄노트를 쓰는데 있어서 우리는 익숙하고 당연합니다. 하지만, 간격이 정해진 줄노트는 생각의 폭이 줄안에 갇힐수 있으므로 생각 확장이 제한됩니다. 공간 활용에 자유로운 모눈(grid)은, 라인의 색깔이 연하므로 눈이 어지럽지 않고 글씨 정렬 맞추기에 용이합니다. 필사를 하다 보면 노트를 더 예쁘게 만들고 싶을 때가 있습니다. 필사 후, 나에게 주신 말씀을 **색연필, 형광펜으로 밑줄을 긋거나,** 남은 공간에는 **자유롭게 묵상 또는 생각을 간략히 적어보세요.** 이 모눈노트가 나만의 필사 노트를 꾸미는 것에 도움을 줄 것입니다. **자유로운 필사와 묵상으로 주님과 더욱 친밀해지기를 소망합니다.**

> 필사하기 전에

1. **[기도] 필사를 시작하기 전에 기도하세요.**
   "내 눈을 열어서 주의 율법에서 놀라운 것을 보게 하소서(시119:18)"

2. **[읽기] 좌측의 성경말씀을 옮겨 적으며 소리 내 필사를 하세요.**
   "오직 여호와의 율법을 즐거워하며(시1:2)"

3. **[묵상] 읽고, 필사한 말씀을 묵상하세요.**
   "너희는 나의 이 말을 너희의 마음과 뜻에 두고 또 그것을 너희의 손목에 매어 기호를
    삼고 너희 미간에 붙여 표를 삼으며(신11:18)"

4. **[적용] 말씀을 나의 삶에 적용하세요.**
   "나로 하여금 깨닫게 하여 주소서 내가 주의 법을 준행하며 전심으로 지키리이다(시119:34)"

5. **[기도] 필사 후 기도로 마무리 합니다.**
   "내가 주의 법을 어찌 그리 사랑하는지요 내가 그것을 종일 작은 소리로 읊조리나이다
    (시119:97)"

사사기

그 때에 이스라엘에 왕이 없으므로 사람이 각기 자기의 소견에 옳은 대로 행하였더라
In those days Israel had no king; everyone did as he saw fit.

사사기 JUDGES 21:25

1장

1 여호수아가 죽은 후에 이스라엘 자손이 여호와께 여쭈어 이르되 우리 가운데 누가 먼저 올라가서 가나안 족속과 싸우리이까

2 여호와께서 이르시되 유다가 올라갈지니라 보라 내가 이 땅을 그의 손에 넘겨 주었노라 하시니라

3 유다가 그의 형제 시므온에게 이르되 내가 제비 뽑아 얻은 땅에 나와 함께 올라가서 가나안 족속과 싸우자 그리하면 나도 네가 제비 뽑아 얻은 땅에 함께 가리라 하니 이에 시므온이 그와 함께 가니라

4 유다가 올라가매 여호와께서 가나안 족속과 브리스 족속을 그들의 손에 넘겨 주시니 그들이 베섹에서 만 명을 죽이고

5 또 베섹에서 아도니 베섹을 만나 그와 싸워서 가나안 족속과 브리스 족속을 죽이니

6 아도니 베섹이 도망하는지라 그를 쫓아가서 잡아 그의 엄지손가락과 엄지발가락을 자르매

7 아도니 베섹이 이르되 옛적에 칠십 명의 왕들이 그들의 엄지손가락과 엄지발가락이 잘리고 내 상 아래에서 먹을 것을 줍더니 하나님이 내가 행한 대로 내게 갚으심이로다 하니라 무리가 그를 끌고 예루살렘에 이르렀더니 그가 거기서 죽었더라

8 유다 자손이 예루살렘을 쳐서 점령하여 칼날로 치고 그 성을 불살랐으며

9 그 후에 유다 자손이 내려가서 산지와 남방과 평지에 거주하는 가나안 족속과 싸웠고

10 유다가 또 가서 헤브론에 거주하는 가나안 족속을 쳐서 세새와 아히만과 달매를 죽였더라 헤브론의 본 이름은 기럇 아르바였더라

11 거기서 나아가서 드빌의 주민들을 쳤으니 드빌의 본 이름은 기럇 세벨이라

12 갈렙이 말하기를 기럇 세벨을 쳐서 그것을 점령하는 자에게는 내 딸 악사를 아내로 주리라 하였더니

13 갈렙의 아우 그나스의 아들인 옷니엘이 그것을 점령하였으므로 갈렙이 그
의 딸 악사를 그에게 아내로 주었더라

14 악사가 출가할 때에 그에게 청하여 자기 아버지에게 밭을 구하자 하고 나귀
에서 내리매 갈렙이 묻되 네가 무엇을 원하느냐 하니

15 이르되 내게 복을 주소서 아버지께서 나를 남방으로 보내시니 샘물도 내게
주소서 하매 갈렙이 윗샘과 아랫샘을 그에게 주었더라

16 모세의 장인은 겐 사람이라 그의 자손이 유다 자손과 함께 종려나무 성읍에
서 올라가서 아랏 남방의 유다 황무지에 이르러 그 백성 중에 거주하니라

17 유다가 그의 형제 시므온과 함께 가서 스밧에 거주하는 가나안 족속을 쳐서
그 곳을 진멸하였으므로 그 성읍의 이름을 호르마라 하니라

18 유다가 또 가사 및 그 지역과 아스글론 및 그 지역과 에그론 및 그 지역을
점령하였고

19 여호와께서 유다와 함께 계셨으므로 그가 산지 주민을 쫓아내었으나 골짜
기의 주민들은 철 병거가 있으므로 그들을 쫓아내지 못하였으며

20 그들이 모세가 명령한 대로 헤브론을 갈렙에게 주었더니 그가 거기서 아낙
의 세 아들을 쫓아내었고

21 베냐민 자손은 예루살렘에 거주하는 여부스 족속을 쫓아내지 못하였으므로
여부스 족속이 베냐민 자손과 함께 오늘까지 예루살렘에 거주하니라

22 요셉 가문도 벧엘을 치러 올라가니 여호와께서 그와 함께 하시니라

23 요셉 가문이 벧엘을 정탐하게 하였는데 그 성읍의 본 이름은 루스라

24 정탐꾼들이 그 성읍에서 한 사람이 나오는 것을 보고 그에게 이르되 청하노
니 이 성읍의 입구를 우리에게 보이라 그리하면 우리가 네게 선대하리라 하
매

25 그 사람이 성읍의 입구를 가리킨지라 이에 그들이 칼날로 그 성읍을 쳤으되
오직 그 사람과 그의 가족을 놓아 보내매

26 그 사람이 헷 사람들의 땅에 가서 성읍을 건축하고 그것의 이름을 루스라 하였더니 오늘까지 그 곳의 이름이 되니라

27 므낫세가 벧스안과 그에 딸린 마을들의 주민과 다아낙과 그에 딸린 마을들의 주민과 돌과 그에 딸린 마을들의 주민과 이블르암과 그에 딸린 마을들의 주민과 므깃도와 그에 딸린 마을들의 주민들을 쫓아내지 못하매 가나안 족속이 결심하고 그 땅에 거주하였더니

28 이스라엘이 강성한 후에야 가나안 족속에게 노역을 시켰고 다 쫓아내지 아니하였더라

29 에브라임이 게셀에 거주하는 가나안 족속을 쫓아내지 못하매 가나안 족속이 게셀에서 그들 중에 거주하였더라

30 스불론은 기드론 주민과 나할롤 주민을 쫓아내지 못하였으므로 가나안 족속이 그들 중에 거주하면서 노역을 하였더라

31 아셀이 악고 주민과 시돈 주민과 알랍과 악십과 헬바와 아빅과 르홉 주민을 쫓아내지 못하고

32 아셀 족속이 그 땅의 주민 가나안 족속 가운데 거주하였으니 이는 그들을 쫓아내지 못함이었더라

33 납달리는 벧세메스 주민과 벧아낫 주민을 쫓아내지 못하고 그 땅의 주민 가나안 족속 가운데 거주하였으나 벧세메스와 벧아낫 주민들이 그들에게 노역을 하였더라

34 아모리 족속이 단 자손을 산지로 몰아넣고 골짜기에 내려오기를 용납하지 아니하였으며

35 결심하고 헤레스 산과 아얄론과 사알빔에 거주하였더니 요셉의 가문의 힘이 강성하매 아모리 족속이 마침내는 노역을 하였으며

36 아모리 족속의 경계는 아그랍빔 비탈의 바위부터 위쪽이었더라

2장

1 여호와의 사자가 길갈에서부터 보김으로 올라와 말하되 내가 너희를 애굽에서 올라오게 하여 내가 너희의 조상들에게 맹세한 땅으로 들어가게 하였으며 또 내가 이르기를 내가 너희와 함께 한 언약을 영원히 어기지 아니하리니

2 너희는 이 땅의 주민과 언약을 맺지 말며 그들의 제단들을 헐라 하였거늘 너희가 내 목소리를 듣지 아니하였으니 어찌하여 그리하였느냐

3 그러므로 내가 또 말하기를 내가 그들을 너희 앞에서 쫓아내지 아니하리니 그들이 너희 옆구리에 가시가 될 것이며 그들의 신들이 너희에게 올무가 되리라 하였노라

4 여호와의 사자가 이스라엘 모든 자손에게 이 말씀을 이르매 백성이 소리를 높여 운지라

5 그러므로 그 곳을 이름하여 보김이라 하고 그들이 거기서 여호와께 제사를 드렸더라

6 전에 여호수아가 백성을 보내매 이스라엘 자손이 각기 그들의 기업으로 가서 땅을 차지하였고

7 백성이 여호수아가 사는 날 동안과 여호수아 뒤에 생존한 장로들 곧 여호와께서 이스라엘을 위하여 행하신 모든 큰 일을 본 자들이 사는 날 동안에 여호와를 섬겼더라

8 여호와의 종 눈의 아들 여호수아가 백십 세에 죽으매

9 무리가 그의 기업의 경내 에브라임 산지 가아스 산 북쪽 딤낫 헤레스에 장사하였고

10 그 세대의 사람도 다 그 조상들에게로 돌아갔고 그 후에 일어난 다른 세대는 여호와를 알지 못하며 여호와께서 이스라엘을 위하여 행하신 일도 알지 못하였더라

11 이스라엘 자손이 여호와의 목전에 악을 행하여 바알들을 섬기며

12 애굽 땅에서 그들을 인도하여 내신 그들의 조상들의 하나님 여호와를 버리고 다른 신들 곧 그들의 주위에 있는 백성의 신들을 따라 그들에게 절하여 여호와를 진노하시게 하였으되

13 곧 그들이 여호와를 버리고 바알과 아스다롯을 섬겼으므로

14 여호와께서 이스라엘에게 진노하사 노략하는 자의 손에 넘겨 주사 그들이 노략을 당하게 하시며 또 주위에 있는 모든 대적의 손에 팔아 넘기시매 그들이 다시는 대적을 당하지 못하였으며

15 그들이 어디로 가든지 여호와의 손이 그들에게 재앙을 내리시니 곧 여호와께서 말씀하신 것과 같고 여호와께서 그들에게 맹세하신 것과 같아서 그들의 괴로움이 심하였더라

16 여호와께서 사사들을 세우사 노략자의 손에서 그들을 구원하게 하셨으나

17 그들이 그 사사들에게도 순종하지 아니하고 오히려 다른 신들을 따라가 음행하며 그들에게 절하고 여호와의 명령을 순종하던 그들의 조상들이 행하던 길에서 속히 치우쳐 떠나서 그와 같이 행하지 아니하였더라

18 여호와께서 그들을 위하여 사사들을 세우실 때에는 그 사사와 함께 하셨고 그 사사가 사는 날 동안에는 여호와께서 그들을 대적의 손에서 구원하셨으니 이는 그들이 대적에게 압박과 괴롭게 함을 받아 슬피 부르짖으므로 여호와께서 뜻을 돌이키셨음이거늘

19 그 사사가 죽은 후에는 그들이 돌이켜 그들의 조상들보다 더욱 타락하여 다른 신들을 따라 섬기며 그들에게 절하고 그들의 행위와 패역한 길을 그치지 아니하였으므로

20 여호와께서 이스라엘에게 진노하여 이르시되 이 백성이 내가 그들의 조상들에게 명령한 언약을 어기고 나의 목소리를 순종하지 아니하였은즉

21 나도 여호수아가 죽을 때에 남겨 둔 이방 민족들을 다시는 그들 앞에서 하나도 쫓아내지 아니하리니

22 이는 이스라엘이 그들의 조상들이 지킨 것 같이 나 여호와의 도를 지켜 행하나 아니하나 그들을 시험하려 함이라 하시니라

23 여호와께서 그 이방 민족들을 머물러 두사 그들을 속히 쫓아내지 아니하셨으며 여호수아의 손에 넘겨 주지 아니하셨더라

3장

1 여호와께서 가나안의 모든 전쟁들을 알지 못한 이스라엘을 시험하려 하시며

2 이스라엘 자손의 세대 중에 아직 전쟁을 알지 못하는 자들에게 그것을 가르쳐 알게 하려 하사 남겨 두신 이방 민족들은

3 블레셋의 다섯 군주들과 모든 가나안 족속과 시돈 족속과 바알 헤르몬 산에서부터 하맛 입구까지 레바논 산에 거주하는 히위 족속이라

4 남겨 두신 이 이방 민족들로 이스라엘을 시험하사 여호와께서 모세를 통하여 그들의 조상들에게 이르신 명령들을 순종하는지 알고자 하셨더라

5 그러므로 이스라엘 자손은 가나안 족속과 헷 족속과 아모리 족속과 브리스 족속과 히위 족속과 여부스 족속 가운데에 거주하면서

6 그들의 딸들을 맞아 아내로 삼으며 자기 딸들을 그들의 아들들에게 주고 또 그들의 신들을 섬겼더라

7 이스라엘 자손이 여호와의 목전에 악을 행하여 자기들의 하나님 여호와를 잊어버리고 바알들과 아세라들을 섬긴지라

8 여호와께서 이스라엘에게 진노하사 그들을 메소보다미아 왕 구산 리사다임의 손에 파셨으므로 이스라엘 자손이 구산 리사다임을 팔 년 동안 섬겼더니

9 이스라엘 자손이 여호와께 부르짖으매 여호와께서 이스라엘 자손을 위하여 한 구원자를 세워 그들을 구원하게 하시니 그는 곧 갈렙의 아우 그나스의 아들 옷니엘이라

년   월   일

10 여호와의 영이 그에게 임하셨으므로 그가 이스라엘의 사사가 되어 나가서 싸울 때에 여호와께서 메소보다미아 왕 구산 리사다임을 그의 손에 넘겨 주시매 옷니엘의 손이 구산 리사다임을 이기니라

11 그 땅이 평온한 지 사십 년에 그나스의 아들 옷니엘이 죽었더라

12 이스라엘 자손이 또 여호와의 목전에 악을 행하니라 이스라엘 자손이 여호와의 목전에 악을 행하므로 여호와께서 모압 왕 에글론을 강성하게 하사 그들을 대적하게 하시매

13 에글론이 암몬과 아말렉 자손들을 모아 가지고 와서 이스라엘을 쳐서 종려나무 성읍을 점령한지라

14 이에 이스라엘 자손이 모압 왕 에글론을 열여덟 해 동안 섬기니라

15 이스라엘 자손이 여호와께 부르짖으매 여호와께서 그들을 위하여 한 구원자를 세우셨으니 그는 곧 베냐민 사람 게라의 아들 왼손잡이 에훗이라 이스라엘 자손이 그를 통하여 모압 왕 에글론에게 공물을 바칠 때에

16 에훗이 길이가 한 규빗 되는 좌우에 날선 칼을 만들어 그의 오른쪽 허벅지 옷 속에 차고

17 공물을 모압 왕 에글론에게 바쳤는데 에글론은 매우 비둔한 자였더라

18 에훗이 공물 바치기를 마친 후에 공물을 메고 온 자들을 보내고

19 자기는 길갈 근처 돌 뜨는 곳에서부터 돌아와서 이르되 왕이여 내가 은밀한 일을 왕에게 아뢰려 하나이다 하니 왕이 명령하여 조용히 하라 하매 모셔 선 자들이 다 물러간지라

20 에훗이 그에게로 들어가니 왕은 서늘한 다락방에 홀로 앉아 있는 중이라 에훗이 이르되 내가 하나님의 명령을 받들어 왕에게 아뢸 일이 있나이다 하매 왕이 그의 좌석에서 일어나니

21 에훗이 왼손을 뻗쳐 그의 오른쪽 허벅지 위에서 칼을 빼어 왕의 몸을 찌르매

22 칼자루도 날을 따라 들어가서 그 끝이 등 뒤까지 나갔고 그가 칼을 그의 몸에서 빼내지 아니하였으므로 기름이 칼날에 엉겼더라

23 에훗이 현관에 나와서 다락문들을 뒤에서 닫아 잠그니라

24 에훗이 나간 후에 왕의 신하들이 들어와서 다락문들이 잠겼음을 보고 이르되 왕이 분명히 서늘한 방에서 그의 발을 가리우신다 하고

25 그들이 오래 기다려도 왕이 다락문들을 열지 아니하는지라 열쇠를 가지고 열어 본즉 그들의 군주가 이미 땅에 엎드러져 죽었더라

26 그들이 기다리는 동안에 에훗이 피하여 돌 뜨는 곳을 지나 스이라로 도망하니라

27 그가 이르러 에브라임 산지에서 나팔을 불매 이스라엘 자손이 산지에서 그를 따라 내려오니 에훗이 앞서 가며

28 그들에게 이르되 나를 따르라 여호와께서 너희의 원수들인 모압을 너희의 손에 넘겨 주셨느니라 하매 무리가 에훗을 따라 내려가 모압 맞은편 요단 강 나루를 장악하여 한 사람도 건너지 못하게 하였고

29 그 때에 모압 사람 약 만 명을 죽였으니 모두 장사요 모두 용사라 한 사람도 도망하지 못하였더라

30 그 날에 모압이 이스라엘 수하에 굴복하매 그 땅이 팔십 년 동안 평온하였더라

31 에훗 후에는 아낫의 아들 삼갈이 있어 소 모는 막대기로 블레셋 사람 육백 명을 죽였고 그도 이스라엘을 구원하였더라

4장

1 에훗이 죽으니 이스라엘 자손이 또 여호와의 목전에 악을 행하매

2 여호와께서 하솔에서 통치하는 가나안 왕 야빈의 손에 그들을 파셨으니 그의 군대 장관은 하로셋 학고임에 거주하는 시스라요

3 야빈 왕은 철 병거 구백 대가 있어 이십 년 동안 이스라엘 자손을 심히 학대했으므로 이스라엘 자손이 여호와께 부르짖었더라

4 그 때에 랍비돗의 아내 여선지자 드보라가 이스라엘의 사사가 되었는데

5 그는 에브라임 산지 라마와 벧엘 사이 드보라의 종려나무 아래에 거주하였고 이스라엘 자손은 그에게 나아가 재판을 받더라

6 드보라가 사람을 보내어 아비노암의 아들 바락을 납달리 게데스에서 불러다가 그에게 이르되 이스라엘의 하나님 여호와께서 이같이 명령하지 아니하셨느냐 너는 납달리 자손과 스불론 자손 만 명을 거느리고 다볼 산으로 가라

7 내가 야빈의 군대 장관 시스라와 그의 병거들과 그의 무리를 기손 강으로 이끌어 네게 이르게 하고 그를 네 손에 넘겨 주리라 하셨느니라

8 바락이 그에게 이르되 만일 당신이 나와 함께 가면 내가 가려니와 만일 당신이 나와 함께 가지 아니하면 나도 가지 아니하겠노라 하니

9 이르되 내가 반드시 너와 함께 가리라 그러나 네가 이번에 가는 길에서는 영광을 얻지 못하리니 이는 여호와께서 시스라를 여인의 손에 파실 것임이니라 하고 드보라가 일어나 바락과 함께 게데스로 가니라

10 바락이 스불론과 납달리를 게데스로 부르니 만 명이 그를 따라 올라가고 드보라도 그와 함께 올라가니라

11 모세의 장인 호밥의 자손 중 겐 사람 헤벨이 떠나 게데스에 가까운 사아난님 상수리나무 곁에 이르러 장막을 쳤더라

12 아비노암의 아들 바락이 다볼 산에 오른 것을 사람들이 시스라에게 알리매

13 시스라가 모든 병거 곧 철 병거 구백 대와 자기와 함께 있는 모든 백성을 하로셋학고임에서부터 기손 강으로 모은지라

14 드보라가 바락에게 이르되 일어나라 이는 여호와께서 시스라를 네 손에 넘겨 주신 날이라 여호와께서 너에 앞서 나가지 아니하시느냐 하는지라 이에 바락이 만 명을 거느리고 다볼 산에서 내려가니

15 여호와께서 바락 앞에서 시스라와 그의 모든 병거와 그의 온 군대를 칼날로 혼란에 빠지게 하시매 시스라가 병거에서 내려 걸어서 도망한지라

16 바락이 그의 병거들과 군대를 추격하여 하로셋학고임에 이르니 시스라의 온 군대가 다 칼에 엎드러졌고 한 사람도 남은 자가 없었더라

17 시스라가 걸어서 도망하여 겐 사람 헤벨의 아내 야엘의 장막에 이르렀으니 이는 하솔 왕 야빈과 겐 사람 헤벨의 집 사이에는 화평이 있음이라

18 야엘이 나가 시스라를 영접하며 그에게 말하되 나의 주여 들어오소서 내게로 들어오시고 두려워하지 마소서 하매 그가 그 장막에 들어가니 야엘이 이불로 그를 덮으니라

19 시스라가 그에게 말하되 청하노니 내게 물을 조금 마시게 하라 내가 목이 마르다 하매 우유 부대를 열어 그에게 마시게 하고 그를 덮으니

20 그가 또 이르되 장막 문에 섰다가 만일 사람이 와서 네게 묻기를 여기 어떤 사람이 있느냐 하거든 너는 없다 하라 하고

21 그가 깊이 잠드니 헤벨의 아내 야엘이 장막 말뚝을 가지고 손에 방망이를 들고 그에게로 가만히 가서 말뚝을 그의 관자놀이에 박으매 말뚝이 꿰뚫고 땅에 박히니 그가 기절하여 죽으니라

22 바락이 시스라를 추격할 때에 야엘이 나가서 그를 맞아 그에게 이르되 오라 네가 찾는 그 사람을 내가 네게 보이리라 하매 바락이 그에게 들어가 보니 시스라가 엎드러져 죽었고 말뚝이 그의 관자놀이에 박혔더라

23 이와 같이 이 날에 하나님이 가나안 왕 야빈을 이스라엘 자손 앞에 굴복하게 하신지라

24 이스라엘 자손의 손이 가나안 왕 야빈을 점점 더 눌러서 마침내 가나안 왕 야빈을 진멸하였더라

5장

1 이 날에 드보라와 아비노암의 아들 바락이 노래하여 이르되

2 이스라엘의 영솔자들이 영솔하였고 백성이 즐거이 헌신하였으니 여호와를 찬송하라

3 너희 왕들아 들으라 통치자들아 귀를 기울이라 나 곧 내가 여호와를 노래할 것이요 이스라엘의 하나님 여호와를 찬송하리로다

4 여호와여 주께서 세일에서부터 나오시고 에돔 들에서부터 진행하실 때에 땅이 진동하고 하늘이 물을 내리고 구름도 물을 내렸나이다

5 산들이 여호와 앞에서 진동하니 저 시내 산도 이스라엘의 하나님 여호와 앞에서 진동하였도다

6 아낫의 아들 삼갈의 날에 또는 야엘의 날에는 대로가 비었고 길의 행인들은 오솔길로 다녔도다

7 이스라엘에는 마을 사람들이 그쳤으니 나 드보라가 일어나 이스라엘의 어머니가 되기까지 그쳤도다

8 무리가 새 신들을 택하였으므로 그 때에 전쟁이 성문에 이르렀으나 이스라엘의 사만 명 중에 방패와 창이 보였던가

9 내 마음이 이스라엘의 방백을 사모함은 그들이 백성 중에서 즐거이 헌신하였음이니 여호와를 찬송하라

10 흰 나귀를 탄 자들, 양탄자에 앉은 자들, 길에 행하는 자들아 전파할지어다

11 활 쏘는 자들의 소리로부터 멀리 떨어진 물 긷는 곳에서도 여호와의 공의로우신 일을 전하라 이스라엘에서 마을 사람들을 위한 의로우신 일을 노래하라 그 때에 여호와의 백성이 성문에 내려갔도다

12 깰지어다 깰지어다 드보라여 깰지어다 깰지어다 너는 노래할지어다 일어날지어다 바락이여 아비노암의 아들이여 네가 사로잡은 자를 끌고 갈지어다

13 그 때에 남은 귀인과 백성이 내려왔고 여호와께서 나를 위하여 용사를 치시려고 내려오셨도다

14 에브라임에게서 나온 자들은 아말렉에 뿌리 박힌 자들이요 베냐민은 백성들 중에서 너를 따르는 자들이요 마길에게서는 명령하는 자들이 내려왔고 스불론에게서는 대장군의 지팡이를 잡은 자들이 내려왔도다

15 잇사갈의 방백들이 드보라와 함께 하니 잇사갈과 같이 바락도 그의 뒤를 따라 골짜기로 달려 내려가니 르우벤 시냇가에서 큰 결심이 있었도다

16 네가 양의 우리 가운데 앉아서 목자의 피리 부는 소리를 들음은 어찌 됨이냐 르우벤 시냇가에서 큰 결심이 있었도다

17 길르앗은 요단 강 저쪽에 거주하며 단은 배에 머무름이 어찌 됨이냐 아셀은 해변에 앉으며 자기 항만에 거주하도다

18 스불론은 죽음을 무릅쓰고 목숨을 아끼지 아니한 백성이요 납달리도 들의 높은 곳에서 그러하도다

19 왕들이 와서 싸울 때에 가나안 왕들이 므깃도 물 가 다아낙에서 싸웠으나 은을 탈취하지 못하였도다

20 별들이 하늘에서부터 싸우되 그들이 다니는 길에서 시스라와 싸웠도다

21 기손 강은 그 무리를 표류시켰으니 이 기손 강은 옛 강이라 내 영혼아 네가 힘 있는 자를 밟았도다

22 그 때에 군마가 빨리 달리니 말굽 소리가 땅을 울리도다

23 여호와의 사자의 말씀에 메로스를 저주하라 너희가 거듭거듭 그 주민들을 저주할 것은 그들이 와서 여호와를 돕지 아니하며 여호와를 도와 용사를 치지 아니함이니라 하시도다

24 겐 사람 헤벨의 아내 야엘은 다른 여인들보다 복을 받을 것이니 장막에 있는 여인들보다 더욱 복을 받을 것이로다

25 시스라가 물을 구하매 우유를 주되 곧 엉긴 우유를 귀한 그릇에 담아 주었고

26 손으로 장막 말뚝을 잡으며 오른손에 일꾼들의 방망이를 들고 시스라를 쳐서 그의 머리를 뚫되 곧 그의 관자놀이를 꿰뚫었도다

27 그가 그의 발 앞에 꾸부러지며 엎드러지고 쓰러졌고 그의 발 앞에 꾸부러져 엎드러져서 그 꾸부러진 곳에 엎드러져 죽었도다

28 시스라의 어머니가 창문을 통하여 바라보며 창살을 통하여 부르짖기를 그의 병거가 어찌하여 더디 오는가 그의 병거들의 걸음이 어찌하여 늦어지는가 하매

29 그의 지혜로운 시녀들이 대답하였겠고 그도 스스로 대답하기를

30 그들이 어찌 노략물을 얻지 못하였으랴 그것을 나누지 못하였으랴 사람마다 한두 처녀를 얻었으리로다 시스라는 채색 옷을 노략하였으리니 그것은 수 놓은 채색 옷이리로다 곧 양쪽에 수 놓은 채색 옷이니 노략한 자의 목에 꾸미리로다 하였으리라

31 여호와여 주의 원수들은 다 이와 같이 망하게 하시고 주를 사랑하는 자들은 해가 힘 있게 돋음 같게 하시옵소서 하니라 그 땅이 사십 년 동안 평온하였더라

6장

1 이스라엘 자손이 또 여호와의 목전에 악을 행하였으므로 여호와께서 칠 년 동안 그들을 미디안의 손에 넘겨 주시니

2 미디안의 손이 이스라엘을 이긴지라 이스라엘 자손이 미디안으로 말미암아 산에서 웅덩이와 굴과 산성을 자기들을 위하여 만들었으며

3 이스라엘이 파종한 때면 미디안과 아말렉과 동방 사람들이 치러 올라와서

4 진을 치고 가사에 이르도록 토지 소산을 멸하여 이스라엘 가운데에 먹을 것을 남겨 두지 아니하며 양이나 소나 나귀도 남기지 아니하니

5 이는 그들이 그들의 짐승과 장막을 가지고 올라와 메뚜기 떼 같이 많이 들어오니 그 사람과 낙타가 무수함이라 그들이 그 땅에 들어와 멸하려 하니

6 이스라엘이 미디안으로 말미암아 궁핍함이 심한지라 이에 이스라엘 자손이 여호와께 부르짖었더라

7 이스라엘 자손이 미디안으로 말미암아 여호와께 부르짖었으므로

8 여호와께서 이스라엘 자손에게 한 선지자를 보내시니 그가 그들에게 이르되 여호와께서 이같이 말씀하시기를 이스라엘의 하나님 내가 너희를 애굽에서 인도하여 내며 너희를 그 종 되었던 집에서 나오게 하여

9 애굽 사람의 손과 너희를 학대하는 모든 자의 손에서 너희를 건져내고 그들을 너희 앞에서 쫓아내고 그 땅을 너희에게 주었으며

10 내가 또 너희에게 이르기를 나는 너희의 하나님 여호와이니 너희가 거주하는 아모리 사람의 땅의 신들을 두려워하지 말라 하였으나 너희가 내 목소리를 듣지 아니하였느니라 하셨다 하니라

11 여호와의 사자가 아비에셀 사람 요아스에게 속한 오브라에 이르러 상수리 나무 아래에 앉으니라 마침 요아스의 아들 기드온이 미디안 사람에게 알리지 아니하려 하여 밀을 포도주 틀에서 타작하더니

12 여호와의 사자가 기드온에게 나타나 이르되 큰 용사여 여호와께서 너와 함께 계시도다 하매

13 기드온이 그에게 대답하되 오 나의 주여 여호와께서 우리와 함께 계시면 어찌하여 이 모든 일이 우리에게 일어났나이까 또 우리 조상들이 일찍이 우리에게 이르기를 여호와께서 우리를 애굽에서 올라오게 하신 것이 아니냐 한 그 모든 이적이 어디 있나이까 이제 여호와께서 우리를 버리사 미디안의 손에 우리를 넘겨 주셨나이다 하니

14 여호와께서 그를 향하여 이르시되 너는 가서 이 너의 힘으로 이스라엘을 미디안의 손에서 구원하라 내가 너를 보낸 것이 아니냐 하시니라

15 그러나 기드온이 그에게 대답하되 오 주여 내가 무엇으로 이스라엘을 구원하리이까 보소서 나의 집은 므낫세 중에 극히 약하고 나는 내 아버지 집에서 가장 작은 자니이다 하니

16 여호와께서 그에게 이르시되 내가 반드시 너와 함께 하리니 네가 미디안 사람 치기를 한 사람을 치듯 하리라 하시니라

17 기드온이 그에게 대답하되 만일 내가 주께 은혜를 얻었사오면 나와 말씀하신 이가 주 되시는 표징을 내게 보이소서

18 내가 예물을 가지고 다시 주께로 와서 그것을 주 앞에 드리기까지 이 곳을 떠나지 마시기를 원하나이다 하니 그가 이르되 내가 너 돌아올 때까지 머무르리라 하니라

19 기드온이 가서 염소 새끼 하나를 준비하고 가루 한 에바로 무교병을 만들고 고기를 소쿠리에 담고 국을 양푼에 담아 상수리나무 아래 그에게로 가져다가 드리매

20 하나님의 사자가 그에게 이르되 고기와 무교병을 가져다가 이 바위 위에 놓고 국을 부으라 하니 기드온이 그대로 하니라

21 여호와의 사자가 손에 잡은 지팡이 끝을 내밀어 고기와 무교병에 대니 불이 바위에서 나와 고기와 무교병을 살랐고 여호와의 사자는 떠나서 보이지 아니한지라

22 기드온이 그가 여호와의 사자인 줄을 알고 이르되 슬프도소이다 주 여호와여 내가 여호와의 사자를 대면하여 보았나이다 하니

23 여호와께서 그에게 이르시되 너는 안심하라 두려워하지 말라 죽지 아니하리라 하시니라

24 기드온이 여호와를 위하여 거기서 제단을 쌓고 그것을 여호와 살롬이라 하였더라 그것이 오늘까지 아비에셀 사람에게 속한 오브라에 있더라

25 그 날 밤에 여호와께서 기드온에게 이르시되 네 아버지에게 있는 수소 곧 칠 년 된 둘째 수소를 끌어 오고 네 아버지에게 있는 바알의 제단을 헐며 그 곁의 아세라 상을 찍고

26 또 이 산성 꼭대기에 네 하나님 여호와를 위하여 규례대로 한 제단을 쌓고 그 둘째 수소를 잡아 네가 찍은 아세라 나무로 번제를 드릴지니라 하시니라

27 이에 기드온이 종 열 사람을 데리고 여호와께서 그에게 말씀하신 대로 행하되 그의 아버지의 가문과 그 성읍 사람들을 두려워하므로 이 일을 감히 낮에 행하지 못하고 밤에 행하니라

28 그 성읍 사람들이 아침에 일찍이 일어나 본즉 바알의 제단이 파괴되었으며 그 곁의 아세라가 찍혔고 새로 쌓은 제단 위에 그 둘째 수소를 드렸는지라

29 서로 물어 이르되 이것이 누구의 소행인가 하고 그들이 캐어 물은 후에 이르되 요아스의 아들 기드온이 이를 행하였도다 하고

30 성읍 사람들이 요아스에게 이르되 네 아들을 끌어내라 그는 당연히 죽을지니 이는 바알의 제단을 파괴하고 그 곁의 아세라를 찍었음이니라 하니

31 요아스가 자기를 둘러선 모든 자에게 이르되 너희가 바알을 위하여 다투느냐 너희가 바알을 구원하겠느냐 그를 위하여 다투는 자는 아침까지 죽임을 당하리라 바알이 과연 신일진대 그의 제단을 파괴하였은즉 그가 자신을 위해 다툴 것이니라 하니라

32 그 날에 기드온을 여룹바알이라 불렀으니 이는 그가 바알의 제단을 파괴하였으므로 바알이 그와 더불어 다툴 것이라 함이었더라

33 그 때에 미디안과 아말렉과 동방 사람들이 다 함께 모여 요단 강을 건너와서 이스르엘 골짜기에 진을 친지라

34 여호와의 영이 기드온에게 임하시니 기드온이 나팔을 불매 아비에셀이 그의 뒤를 따라 부름을 받으니라

35 기드온이 또 사자들을 온 므낫세에 두루 보내매 그들도 모여서 그를 따르고 또 사자들을 아셀과 스불론과 납달리에 보내매 그 무리도 올라와 그를 영접하더라

36 기드온이 하나님께 여쭈되 주께서 이미 말씀하심 같이 내 손으로 이스라엘을 구원하시려거든

37 보소서 내가 양털 한 뭉치를 타작 마당에 두리니 만일 이슬이 양털에만 있고 주변 땅은 마르면 주께서 이미 말씀하심 같이 내 손으로 이스라엘을 구원하실 줄을 내가 알겠나이다 하였더니

38 그대로 된지라 이튿날 기드온이 일찍이 일어나서 양털을 가져다가 그 양털에서 이슬을 짜니 물이 그릇에 가득하더라

39 기드온이 또 하나님께 여쭈되 주여 내게 노하지 마옵소서 내가 이번만 말하리이다 구하옵나니 내게 이번만 양털로 시험하게 하소서 원하건대 양털만 마르고 그 주변 땅에는 다 이슬이 있게 하옵소서 하였더니

40 그 밤에 하나님이 그대로 행하시니 곧 양털만 마르고 그 주변 땅에는 다 이슬이 있었더라

7장

1 여룹바알이라 하는 기드온과 그를 따르는 모든 백성이 일찍이 일어나 하롯 샘 곁에 진을 쳤고 미디안의 진영은 그들의 북쪽이요 모레 산 앞 골짜기에 있었더라

2 여호와께서 기드온에게 이르시되 너를 따르는 백성이 너무 많은즉 내가 그들의 손에 미디안 사람을 넘겨 주지 아니하리니 이는 이스라엘이 나를 거슬러 스스로 자랑하기를 내 손이 나를 구원하였다 할까 함이니라

3 이제 너는 백성의 귀에 외쳐 이르기를 누구든지 두려워 떠는 자는 길르앗 산을 떠나 돌아가라 하라 하시니 이에 돌아간 백성이 이만 이천 명이요 남은 자가 만 명이었더라

4 여호와께서 또 기드온에게 이르시되 백성이 아직도 많으니 그들을 인도하여 물 가로 내려가라 거기서 내가 너를 위하여 그들을 시험하리라 내가 누구를 가리켜 네게 이르기를 이 사람이 너와 함께 가리라 하면 그는 너와 함께 갈 것이요 내가 누구를 가리켜 네게 이르기를 이 사람은 너와 함께 가지 말 것이니라 하면 그는 가지 말 것이니라 하신지라

5 이에 백성을 인도하여 물 가에 내려가매 여호와께서 기드온에게 이르시되 누구든지 개가 핥는 것 같이 혀로 물을 핥는 자들을 너는 따로 세우고 또 누구든지 무릎을 꿇고 마시는 자들도 그와 같이 하라 하시더니

6 손으로 움켜 입에 대고 핥는 자의 수는 삼백 명이요 그 외의 백성은 다 무릎을 꿇고 물을 마신지라

7 여호와께서 기드온에게 이르시되 내가 이 물을 핥아 먹은 삼백 명으로 너희를 구원하며 미디안을 네 손에 넘겨 주리니 남은 백성은 각각 자기의 처소로 돌아갈 것이니라 하시니

8 이에 백성이 양식과 나팔을 손에 든지라 기드온이 이스라엘 모든 백성을 각각 그의 장막으로 돌려보내고 그 삼백 명은 머물게 하니라 미디안 진영은 그 아래 골짜기 가운데에 있었더라

9 그 밤에 여호와께서 기드온에게 이르시되 일어나 진영으로 내려가라 내가 그것을 네 손에 넘겨 주었느니라

10 만일 네가 내려가기를 두려워하거든 네 부하 부라와 함께 그 진영으로 내려 가서

11 그들이 하는 말을 들으라 그 후에 네 손이 강하여져서 그 진영으로 내려가 리라 하시니 기드온이 이에 그의 부하 부라와 함께 군대가 있는 진영 근처 로 내려간즉

12 미디안과 아말렉과 동방의 모든 사람들이 골짜기에 누웠는데 메뚜기의 많 은 수와 같고 그들의 낙타의 수가 많아 해변의 모래가 많음 같은지라

13 기드온이 그 곳에 이른즉 어떤 사람이 그의 친구에게 꿈을 말하여 이르기를 보라 내가 한 꿈을 꾸었는데 꿈에 보리떡 한 덩어리가 미디안 진영으로 굴 러 들어와 한 장막에 이르러 그것을 쳐서 무너뜨려 위쪽으로 엎으니 그 장 막이 쓰러지더라

14 그의 친구가 대답하여 이르되 이는 다른 것이 아니라 이스라엘 사람 요아스 의 아들 기드온의 칼이라 하나님이 미디안과 그 모든 진영을 그의 손에 넘 겨 주셨느니라 하더라

15 기드온이 그 꿈과 해몽하는 말을 듣고 경배하며 이스라엘 진영으로 돌아와 이르되 일어나라 여호와께서 미디안과 그 모든 진영을 너희 손에 넘겨 주셨 느니라 하고

16 삼백 명을 세 대로 나누어 각 손에 나팔과 빈 항아리를 들리고 항아리 안에 는 횃불을 감추게 하고

17 그들에게 이르되 너희는 나만 보고 내가 하는 대로 하되 내가 그 진영 근처 에 이르러서 내가 하는 대로 너희도 그리하여

18 나와 나를 따르는 자가 다 나팔을 불거든 너희도 모든 진영 주위에서 나팔 을 불며 이르기를 여호와를 위하라, 기드온을 위하라 하라 하니라

19 기드온과 그와 함께 한 백 명이 이경 초에 진영 근처에 이른즉 바로 파수꾼 들을 교대한 때라 그들이 나팔을 불며 손에 가졌던 항아리를 부수니라

20 세 대가 나팔을 불며 항아리를 부수고 왼손에 횃불을 들고 오른손에 나팔을 들어 불며 외쳐 이르되 여호와와 기드온의 칼이다 하고

21 각기 제자리에 서서 그 진영을 에워싸매 그 온 진영의 군사들이 뛰고 부르짖으며 도망하였는데

22 삼백 명이 나팔을 불 때에 여호와께서 그 온 진영에서 친구끼리 칼로 치게 하시므로 적군이 도망하여 스레라의 벧 싯다에 이르고 또 답밧에 가까운 아벨므홀라의 경계에 이르렀으며

23 이스라엘 사람들은 납달리와 아셀과 온 므낫세에서부터 부름을 받고 미디안을 추격하였더라

24 기드온이 사자들을 보내서 에브라임 온 산지로 두루 다니게 하여 이르기를 내려와서 미디안을 치고 그들을 앞질러 벧 바라와 요단 강에 이르는 수로를 점령하라 하매 이에 에브라임 사람들이 다 모여 벧 바라와 요단 강에 이르는 수로를 점령하고

25 또 미디안의 두 방백 오렙과 스엡을 사로잡아 오렙은 오렙 바위에서 죽이고 스엡은 스엡 포도주 틀에서 죽이고 미디안을 추격하였고 오렙과 스엡의 머리를 요단 강 건너편에서 기드온에게 가져왔더라

8장

1 에브라임 사람들이 기드온에게 이르되 네가 미디안과 싸우러 갈 때에 우리를 부르지 아니하였으니 우리를 이같이 대접함은 어찌 됨이냐 하고 그와 크게 다투는지라

2 기드온이 그들에게 이르되 내가 이제 행한 일이 너희가 한 것에 비교되겠느냐 에브라임의 끝물 포도가 아비에셀의 맏물 포도보다 낫지 아니하냐

3 하나님이 미디안의 방백 오렙과 스엡을 너희 손에 넘겨 주셨으니 내가 한 일이 어찌 능히 너희가 한 것에 비교되겠느냐 하니라 기드온이 이 말을 하매 그 때에 그들의 노여움이 풀리니라

4 기드온과 그와 함께 한 자 삼백 명이 요단 강에 이르러 건너고 비록 피곤하나 추격하며

5 그가 숙곳 사람들에게 이르되 나를 따르는 백성이 피곤하니 청하건대 그들에게 떡덩이를 주라 나는 미디안의 왕들인 세바와 살문나의 뒤를 추격하고 있노라 하니

6 숙곳의 방백들이 이르되 세바와 살문나의 손이 지금 네 손 안에 있다는거냐 어찌 우리가 네 군대에게 떡을 주겠느냐 하는지라

7 기드온이 이르되 그러면 여호와께서 세바와 살문나를 내 손에 넘겨 주신 후에 내가 들가시와 찔레로 너희 살을 찢으리라 하고

8 거기서 브누엘로 올라가서 그들에게도 그같이 구한즉 브누엘 사람들의 대답도 숙곳 사람들의 대답과 같은지라

9 기드온이 또 브누엘 사람들에게 말하여 이르되 내가 평안히 돌아올 때에 이 망대를 헐리라 하니라

10 이 때에 세바와 살문나가 갈골에 있는데 동방 사람의 모든 군대 중에 칼 든 자 십이만 명이 죽었고 그 남은 만 오천 명 가량은 그들을 따라와서 거기에 있더라

11 적군이 안심하고 있는 중에 기드온이 노바와 욕브하 동쪽 장막에 거주하는 자의 길로 올라가서 그 적진을 치니

12 세바와 살문나가 도망하는지라 기드온이 그들의 뒤를 추격하여 미디안의 두 왕 세바와 살문나를 사로잡고 그 온 진영을 격파하니라

13 요아스의 아들 기드온이 헤레스 비탈 전장에서 돌아오다가

14 숙곳 사람 중 한 소년을 잡아 그를 심문하매 그가 숙곳의 방백들과 장로들 칠십칠 명을 그에게 적어 준지라

15 기드온이 숙곳 사람들에게 이르러 말하되 너희가 전에 나를 희롱하여 이르기를 세바와 살문나의 손이 지금 네 손 안에 있다는거냐 어찌 우리가 네 피곤한 사람들에게 떡을 주겠느냐 한 그 세바와 살문나를 보라 하고

16 그 성읍의 장로들을 붙잡아 들가시와 찔레로 숙곳 사람들을 징벌하고

17 브누엘 망대를 헐며 그 성읍 사람들을 죽이니라

18 이에 그가 세바와 살문나에게 말하되 너희가 다볼에서 죽인 자들은 어떠한 사람들이더냐 하니 대답하되 그들이 너와 같아서 하나 같이 왕자들의 모습과 같더라 하니라

19 그가 이르되 그들은 내 형제들이며 내 어머니의 아들들이니라 여호와께서 살아 계심을 두고 맹세하노니 너희가 만일 그들을 살렸더라면 나도 너희를 죽이지 아니하였으리라 하고

20 그의 맏아들 여델에게 이르되 일어나 그들을 죽이라 하였으나 그 소년이 그의 칼을 빼지 못하였으니 이는 아직 어려서 두려워함이었더라

21 세바와 살문나가 이르되 네가 일어나 우리를 치라 사람이 어떠하면 그의 힘도 그러하니라 하니 기드온이 일어나 세바와 살문나를 죽이고 그들의 낙타 목에 있던 초승달 장식들을 떼어서 가지니라

22 그 때에 이스라엘 사람들이 기드온에게 이르되 당신이 우리를 미디안의 손에서 구원하셨으니 당신과 당신의 아들과 당신의 손자가 우리를 다스리소서 하는지라

23 기드온이 그들에게 이르되 내가 너희를 다스리지 아니하겠고 나의 아들도 너희를 다스리지 아니할 것이요 여호와께서 너희를 다스리시리라 하니라

24 기드온이 또 그들에게 이르되 내가 너희에게 요청할 일이 있으니 너희는 각기 탈취한 귀고리를 내게 줄지니라 하였으니 이는 그들이 이스마엘 사람들이므로 금 귀고리가 있었음이라

25 무리가 대답하되 우리가 즐거이 드리리이다 하고 겉옷을 펴고 각기 탈취한 귀고리를 그 가운데에 던지니

26 기드온이 요청한 금 귀고리의 무게가 금 천칠백 세겔이요 그 외에 또 초승달 장식들과 패물과 미디안 왕들이 입었던 자색 의복과 또 그 외에 그들의 낙타 목에 둘렸던 사슬이 있었더라

27 기드온이 그 금으로 에봇 하나를 만들어 자기의 성읍 오브라에 두었더니 온 이스라엘이 그것을 음란하게 위하므로 그것이 기드온과 그의 집에 올무가 되니라

28 미디안이 이스라엘 자손 앞에 복종하여 다시는 그 머리를 들지 못하였으므로 기드온이 사는 사십 년 동안 그 땅이 평온하였더라

29 요아스의 아들 여룹바알이 돌아가서 자기 집에 거주하였는데

30 기드온이 아내가 많으므로 그의 몸에서 낳은 아들이 칠십 명이었고

31 세겜에 있는 그의 첩도 아들을 낳았으므로 그 이름을 아비멜렉이라 하였더라

32 요아스의 아들 기드온이 나이가 많아 죽으매 아비에셀 사람의 오브라에 있는 그의 아버지 요아스의 묘실에 장사되었더라

33 기드온이 이미 죽으매 이스라엘 자손이 돌아서서 바알들을 따라가 음행하였으며 또 바알브릿을 자기들의 신으로 삼고

34 이스라엘 자손이 주위의 모든 원수들의 손에서 자기들을 건져내신 여호와 자기들의 하나님을 기억하지 아니하며

35 또 여룹바알이라 하는 기드온이 이스라엘에 베푼 모든 은혜를 따라 그의 집을 후대하지도 아니하였더라

9장

1 여룹바알의 아들 아비멜렉이 세겜에 가서 그의 어머니의 형제에게 이르러 그들과 그의 외조부의 집의 온 가족에게 말하여 이르되

2 청하노니 너희는 세겜의 모든 사람들의 귀에 말하라 여룹바알의 아들 칠십 명이 다 너희를 다스림과 한 사람이 너희를 다스림이 어느 것이 너희에게 나으냐 또 나는 너희와 골육임을 기억하라 하니

3 그의 어머니의 형제들이 그를 위하여 이 모든 말을 세겜의 모든 사람들의 귀에 말하매 그들의 마음이 아비멜렉에게로 기울어서 이르기를 그는 우리 형제라 하고

4 바알브릿 신전에서 은 칠십 개를 내어 그에게 주매 아비멜렉이 그것으로 방탕하고 경박한 사람들을 사서 자기를 따르게 하고

5 오브라에 있는 그의 아버지의 집으로 가서 여룹바알의 아들 곧 자기 형제 칠십 명을 한 바위 위에서 죽였으되 다만 여룹바알의 막내 아들 요담은 스스로 숨었으므로 남으니라

6 세겜의 모든 사람과 밀로 모든 족속이 모여서 세겜에 있는 상수리나무 기둥 곁에서 아비멜렉을 왕으로 삼으니라

7 사람들이 요담에게 그 일을 알리매 요담이 그리심 산 꼭대기로 가서 서서 그의 목소리를 높여 그들에게 외쳐 이르되 세겜 사람들아 내 말을 들으라 그리하여야 하나님이 너희의 말을 들으시리라

8 하루는 나무들이 나가서 기름을 부어 자신들 위에 왕으로 삼으려 하여 감람나무에게 이르되 너는 우리 위에 왕이 되라 하매

9 감람나무가 그들에게 이르되 내게 있는 나의 기름은 하나님과 사람을 영화롭게 하나니 내가 어찌 그것을 버리고 가서 나무들 위에 우쭐대리요 한지라

10 나무들이 또 무화과나무에게 이르되 너는 와서 우리 위에 왕이 되라 하매

11 무화과나무가 그들에게 이르되 나의 단 것과 나의 아름다운 열매를 내가 어찌 버리고 가서 나무들 위에 우쭐대리요 한지라

12 나무들이 또 포도나무에게 이르되 너는 와서 우리 위에 왕이 되라 하매

년   월   일

13 포도나무가 그들에게 이르되 하나님과 사람을 기쁘게 하는 내 포도주를 내가 어찌 버리고 가서 나무들 위에 우쭐대리요 한지라

14 이에 모든 나무가 가시나무에게 이르되 너는 와서 우리 위에 왕이 되라 하매

15 가시나무가 나무들에게 이르되 만일 너희가 참으로 내게 기름을 부어 너희 위에 왕으로 삼겠거든 와서 내 그늘에 피하라 그리하지 아니하면 불이 가시나무에서 나와서 레바논의 백향목을 사를 것이니라 하였느니라

16 이제 너희가 아비멜렉을 세워 왕으로 삼았으니 너희가 행한 것이 과연 진실하고 의로우냐 이것이 여룹바알과 그의 집을 선대함이냐 이것이 그의 손이 행한 대로 그에게 보답함이냐

17 우리 아버지가 전에 죽음을 무릅쓰고 너희를 위하여 싸워 미디안의 손에서 너희를 건져냈거늘

18 너희가 오늘 일어나 우리 아버지의 집을 쳐서 그의 아들 칠십 명을 한 바위 위에서 죽이고 그의 여종의 아들 아비멜렉이 너희 형제가 된다고 그를 세워 세겜 사람들 위에 왕으로 삼았도다

19 만일 너희가 오늘 여룹바알과 그의 집을 대접한 것이 진실하고 의로운 일이면 너희가 아비멜렉으로 말미암아 기뻐할 것이요 아비멜렉도 너희로 말미암아 기뻐하려니와

20 그렇지 아니하면 아비멜렉에게서 불이 나와서 세겜 사람들과 밀로의 집을 사를 것이요 세겜 사람들과 밀로의 집에서도 불이 나와 아비멜렉을 사를 것이니라 하고

21 요담이 그의 형제 아비멜렉 앞에서 도망하여 피해서 브엘로 가서 거기에 거주하니라

22 아비멜렉이 이스라엘을 다스린 지 삼 년에

23 하나님이 아비멜렉과 세겜 사람들 사이에 악한 영을 보내시매 세겜 사람들이 아비멜렉을 배반하였으니

24 이는 여룹바알의 아들 칠십 명에게 저지른 포학한 일을 갚되 그들을 죽여 피 흘린 죄를 그들의 형제 아비멜렉과 아비멜렉의 손을 도와 그의 형제들을 죽이게 한 세겜 사람들에게로 돌아가게 하심이라

25 세겜 사람들이 산들의 꼭대기에 사람을 매복시켜 아비멜렉을 엿보게 하고 그 길로 지나는 모든 자를 다 강탈하게 하니 어떤 사람이 그것을 아비멜렉에게 알리니라

26 에벳의 아들 가알이 그의 형제와 더불어 세겜에 이르니 세겜 사람들이 그를 신뢰하니라

27 그들이 밭에 가서 포도를 거두어다가 밟아 짜서 연회를 베풀고 그들의 신당에 들어가서 먹고 마시며 아비멜렉을 저주하니

28 에벳의 아들 가알이 이르되 아비멜렉은 누구며 세겜은 누구기에 우리가 아비멜렉을 섬기리요 그가 여룹바알의 아들이 아니냐 그의 신복은 스불이 아니냐 차라리 세겜의 아버지 하몰의 후손을 섬길 것이라 우리가 어찌 아비멜렉을 섬기리요

29 이 백성이 내 수하에 있었더라면 내가 아비멜렉을 제거하였으리라 하고 아비멜렉에게 이르되 네 군대를 증원해서 나오라 하니라

30 그 성읍의 방백 스불이 에벳의 아들 가알의 말을 듣고 노하여

31 사자들을 아비멜렉에게 가만히 보내어 이르되 보소서 에벳의 아들 가알과 그의 형제들이 세겜에 이르러 그 성읍이 당신을 대적하게 하니

32 당신은 당신과 함께 있는 백성과 더불어 밤에 일어나 밭에 매복하였다가

33 아침 해 뜰 때에 당신이 일찍 일어나 이 성읍을 엄습하면 가알 및 그와 함께 있는 백성이 나와서 당신을 대적하리니 당신은 기회를 보아 그에게 행하소서 하니

34 아비멜렉과 그와 함께 있는 모든 백성이 밤에 일어나 네 떼로 나누어 세겜에 맞서 매복하였더니

35 에벳의 아들 가알이 나와서 성읍 문 입구에 설 때에 아비멜렉과 그와 함께 있는 백성이 매복하였던 곳에서 일어난지라

36 가알이 그 백성을 보고 스불에게 이르되 보라 백성이 산 꼭대기에서부터 내려오는도다 하니 스불이 그에게 이르되 네가 산 그림자를 사람으로 보았느니라 하는지라

37 가알이 다시 말하여 이르되 보라 백성이 밭 가운데를 따라 내려오고 또 한 떼는 므오느님 상수리나무 길을 따라 오는도다 하니

38 스불이 그에게 이르되 네가 전에 말하기를 아비멜렉이 누구이기에 우리가 그를 섬기리요 하던 그 입이 이제 어디 있느냐 이들이 네가 업신여기던 그 백성이 아니냐 청하노니 이제 나가서 그들과 싸우라 하니

39 가알이 세겜 사람들보다 앞에 서서 나가 아비멜렉과 싸우다가

40 아비멜렉이 그를 추격하니 그 앞에서 도망하였고 부상하여 엎드러진 자가 많아 성문 입구까지 이르렀더라

41 아비멜렉은 아루마에 거주하고 스불은 가알과 그의 형제들을 쫓아내어 세겜에 거주하지 못하게 하더니

42 이튿날 백성이 밭으로 나오매 사람들이 그것을 아비멜렉에게 알리니라

43 아비멜렉이 자기 백성을 세 무리로 나누어 밭에 매복시켰더니 백성이 성에서 나오는 것을 보고 일어나 그들을 치되

44 아비멜렉과 그 떼는 돌격하여 성문 입구에 서고 두 무리는 밭에 있는 자들에게 돌격하여 그들을 죽이니

45 아비멜렉이 그 날 종일토록 그 성을 쳐서 마침내는 점령하고 거기 있는 백성을 죽이며 그 성을 헐고 소금을 뿌리니라

46 세겜 망대의 모든 사람들이 이를 듣고 엘브릿 신전의 보루로 들어갔더니

47 세겜 망대의 모든 사람들이 모인 것이 아비멜렉에게 알려지매

년   월   일

61

48 아비멜렉 및 그와 함께 있는 모든 백성이 살몬 산에 오르고 아비멜렉이 손에 도끼를 들고 나뭇가지를 찍어 그것을 들어올려 자기 어깨에 메고 그와 함께 있는 백성에게 이르되 너희는 내가 행하는 것을 보나니 빨리 나와 같이 행하라 하니

49 모든 백성들도 각각 나뭇가지를 찍어서 아비멜렉을 따라 보루 위에 놓고 그것들이 얹혀 있는 보루에 불을 놓으매 세겜 망대에 있는 사람들이 다 죽었으니 남녀가 약 천 명이었더라

50 아비멜렉이 데베스에 가서 데베스에 맞서 진 치고 그것을 점령하였더니

51 성읍 중에 견고한 망대가 있으므로 그 성읍 백성의 남녀가 모두 그리로 도망하여 들어가서 문을 잠그고 망대 꼭대기로 올라간지라

52 아비멜렉이 망대 앞에 이르러 공격하며 망대의 문에 가까이 나아가서 그것을 불사르려 하더니

53 한 여인이 맷돌 위짝을 아비멜렉의 머리 위에 내려 던져 그의 두개골을 깨뜨리니

54 아비멜렉이 자기의 무기를 든 청년을 급히 불러 그에게 이르되 너는 칼을 빼어 나를 죽이라 사람들이 나를 가리켜 이르기를 여자가 그를 죽였다 할까 하노라 하니 그 청년이 그를 찌르매 그가 죽은지라

55 이스라엘 사람들이 아비멜렉이 죽은 것을 보고 각각 자기 처소로 떠나갔더라

56 아비멜렉이 그의 형제 칠십 명을 죽여 자기 아버지에게 행한 악행을 하나님이 이같이 갚으셨고

57 또 세겜 사람들의 모든 악행을 하나님이 그들의 머리에 갚으셨으니 여룹바알의 아들 요담의 저주가 그들에게 응하니라

년   월   일

63

10장

1 아비멜렉의 뒤를 이어서 잇사갈 사람 도도의 손자 부아의 아들 돌라가 일어나서 이스라엘을 구원하니라 그가 에브라임 산지 사밀에 거주하면서

2 이스라엘의 사사가 된 지 이십삼 년 만에 죽으매 사밀에 장사되었더라

3 그 후에 길르앗 사람 야일이 일어나서 이십이 년 동안 이스라엘의 사사가 되니라

4 그에게 아들 삼십 명이 있어 어린 나귀 삼십을 탔고 성읍 삼십을 가졌는데 그 성읍들은 길르앗 땅에 있고 오늘까지 하봇야일이라 부르더라

5 야일이 죽으매 가몬에 장사되었더라

6 이스라엘 자손이 다시 여호와의 목전에 악을 행하여 바알들과 아스다롯과 아람의 신들과 시돈의 신들과 모압의 신들과 암몬 자손의 신들과 블레셋 사람들의 신들을 섬기고 여호와를 버리고 그를 섬기지 아니하므로

7 여호와께서 이스라엘에게 진노하사 블레셋 사람들의 손과 암몬 자손의 손에 그들을 파시매

8 그 해에 그들이 요단 강 저쪽 길르앗에 있는 아모리 족속의 땅에 있는 모든 이스라엘 자손을 쳤으며 열여덟 해 동안 억압하였더라

9 암몬 자손이 또 요단을 건너서 유다와 베냐민과 에브라임 족속과 싸우므로 이스라엘의 곤고가 심하였더라

10 이스라엘 자손이 여호와께 부르짖어 이르되 우리가 우리 하나님을 버리고 바알들을 섬김으로 주께 범죄하였나이다 하니

11 여호와께서 이스라엘 자손에게 이르시되 내가 애굽 사람과 아모리 사람과 암몬 자손과 블레셋 사람에게서 너희를 구원하지 아니하였느냐

12 또 시돈 사람과 아말렉 사람과 마온 사람이 너희를 압제할 때에 너희가 내게 부르짖으므로 내가 너희를 그들의 손에서 구원하였거늘

13 너희가 나를 버리고 다른 신들을 섬기니 그러므로 내가 다시는 너희를 구원하지 아니하리라

14 가서 너희가 택한 신들에게 부르짖어 너희의 환난 때에 그들이 너희를 구원하게 하라 하신지라

15 이스라엘 자손이 여호와께 여쭈되 우리가 범죄하였사오니 주께서 보시기에 좋은 대로 우리에게 행하시려니와 오직 주께 구하옵나니 오늘 우리를 건져 내옵소서 하고

16 자기 가운데에서 이방 신들을 제하여 버리고 여호와를 섬기매 여호와께서 이스라엘의 곤고로 말미암아 마음에 근심하시니라

17 그 때에 암몬 자손이 모여서 길르앗에 진을 쳤으므로 이스라엘 자손도 모여서 미스바에 진을 치고

18 길르앗 백성과 방백들이 서로 이르되 누가 먼저 나가서 암몬 자손과 싸움을 시작하랴 그가 길르앗 모든 주민의 머리가 되리라 하니라

11장

1 길르앗 사람 입다는 큰 용사였으니 기생이 길르앗에게서 낳은 아들이었고

2 길르앗의 아내도 그의 아들들을 낳았더라 그 아내의 아들들이 자라매 입다를 쫓아내며 그에게 이르되 너는 다른 여인의 자식이니 우리 아버지의 집에서 기업을 잇지 못하리라 한지라

3 이에 입다가 그의 형제들을 피하여 돕 땅에 거주하매 잡류가 그에게로 모여와서 그와 함께 출입하였더라

4 얼마 후에 암몬 자손이 이스라엘을 치려 하니라

5 암몬 자손이 이스라엘을 치려 할 때에 길르앗 장로들이 입다를 데려오려고 돕 땅에 가서

6 입다에게 이르되 우리가 암몬 자손과 싸우려 하니 당신은 와서 우리의 장관이 되라 하니

7 입다가 길르앗 장로들에게 이르되 너희가 전에 나를 미워하여 내 아버지 집에서 쫓아내지 아니하였느냐 이제 너희가 환난을 당하였다고 어찌하여 내게 왔느냐 하니라

8 그러므로 길르앗 장로들이 입다에게 이르되 이제 우리가 당신을 찾아온 것은 우리와 함께 가서 암몬 자손과 싸우게 하려 함이니 그리하면 당신이 우리 길르앗 모든 주민의 머리가 되리라 하매

9 입다가 길르앗 장로들에게 이르되 너희가 나를 데리고 고향으로 돌아가서 암몬 자손과 싸우게 할 때에 만일 여호와께서 그들을 내게 넘겨 주시면 내가 과연 너희의 머리가 되겠느냐 하니

10 길르앗 장로들이 입다에게 이르되 여호와는 우리 사이의 증인이시니 당신의 말대로 우리가 그렇게 행하리이다 하니라

11 이에 입다가 길르앗 장로들과 함께 가니 백성이 그를 자기들의 머리와 장관을 삼은지라 입다가 미스바에서 자기의 말을 다 여호와 앞에 아뢰니라

12 입다가 암몬 자손의 왕에게 사자들을 보내 이르되 네가 나와 무슨 상관이 있기에 내 땅을 치러 내게 왔느냐 하니

13 암몬 자손의 왕이 입다의 사자들에게 대답하되 이스라엘이 애굽에서 올라올 때에 아르논에서부터 얍복과 요단까지 내 땅을 점령했기 때문이니 이제 그것을 평화롭게 돌려 달라 하니라

14 입다가 암몬 자손의 왕에게 다시 사자들을 보내

15 그에게 이르되 입다가 이같이 말하노라 이스라엘이 모압 땅과 암몬 자손의 땅을 점령하지 아니하였느니라

16 이스라엘이 애굽에서 올라올 때에 광야로 행하여 홍해에 이르고 가데스에 이르러서는

17 이스라엘이 사자들을 에돔 왕에게 보내어 이르기를 청하건대 나를 네 땅 가운데로 지나게 하라 하였으나 에돔 왕이 이를 듣지 아니하였고 또 그와 같이 사람을 모압 왕에게도 보냈으나 그도 허락하지 아니하므로 이스라엘이 가데스에 머물렀더니

18 그 후에 광야를 지나 에돔 땅과 모압 땅을 돌아서 모압 땅의 해 뜨는 쪽으로 들어가 아르논 저쪽에 진 쳤고 아르논은 모압의 경계이므로 모압 지역 안에는 들어가지 아니하였으며

19 이스라엘이 헤스본 왕 곧 아모리 족속의 왕 시혼에게 사자들을 보내어 그에게 이르되 청하건대 우리를 당신의 땅으로 지나 우리의 곳에 이르게 하라 하였으나

20 시혼이 이스라엘을 믿지 아니하여 그의 지역으로 지나지 못하게 할 뿐 아니라 그의 모든 백성을 모아 야하스에 진 치고 이스라엘을 치므로

21 이스라엘의 하나님 여호와께서 시혼과 그의 모든 백성을 이스라엘의 손에 넘겨 주시매 이스라엘이 그들을 쳐서 그 땅 주민 아모리 족속의 온 땅을 점령하되

22 아르논에서부터 얍복까지와 광야에서부터 요단까지 아모리 족속의 온 지역을 점령하였느니라

23 이스라엘의 하나님 여호와께서 이같이 아모리 족속을 자기 백성 이스라엘 앞에서 쫓아내셨거늘 네가 그 땅을 얻고자 하는 것이 옳으냐

24 네 신 그모스가 네게 주어 차지하게 한 것을 네가 차지하지 아니하겠느냐 우리 하나님 여호와께서 우리 앞에서 어떤 사람이든지 쫓아내시면 그것을 우리가 차지하리라

25 이제 네가 모압 왕 십볼의 아들 발락보다 더 나은 것이 있느냐 그가 이스라엘과 더불어 다툰 일이 있었느냐 싸운 일이 있었느냐

26 이스라엘이 헤스본과 그 마을들과 아로엘과 그 마을들과 아르논 강 가에 있는 모든 성읍에 거주한 지 삼백 년이거늘 그 동안에 너희가 어찌하여 도로 찾지 아니하였느냐

27 내가 네게 죄를 짓지 아니하였거늘 네가 나를 쳐서 내게 악을 행하고자 하는도다 원하건대 심판하시는 여호와께서 오늘 이스라엘 자손과 암몬 자손 사이에 판결하시옵소서 하였으나

28 암몬 자손의 왕이 입다가 사람을 보내어 말한 것을 듣지 아니하였더라

29 이에 여호와의 영이 입다에게 임하시니 입다가 길르앗과 므낫세를 지나서 길르앗의 미스베에 이르고 길르앗의 미스베에서부터 암몬 자손에게로 나아갈 때에

30 그가 여호와께 서원하여 이르되 주께서 과연 암몬 자손을 내 손에 넘겨 주시면

31 내가 암몬 자손에게서 평안히 돌아올 때에 누구든지 내 집 문에서 나와서 나를 영접하는 그는 여호와께 돌릴 것이니 내가 그를 번제물로 드리겠나이다 하니라

32 이에 입다가 암몬 자손에게 이르러 그들과 싸우더니 여호와께서 그들을 그의 손에 넘겨 주시매

33 아로엘에서부터 민닛에 이르기까지 이십 성읍을 치고 또 아벨 그라밈까지 매우 크게 무찌르니 이에 암몬 자손이 이스라엘 자손 앞에 항복하였더라

34 입다가 미스바에 있는 자기 집에 이를 때에 보라 그의 딸이 소고를 잡고 춤추며 나와서 영접하니 이는 그의 무남독녀라

35 입다가 이를 보고 자기 옷을 찢으며 이르되 어찌할꼬 내 딸이여 너는 나를 참담하게 하는 자요 너는 나를 괴롭게 하는 자 중의 하나로다 내가 여호와를 향하여 입을 열었으니 능히 돌이키지 못하리로다 하니

36 딸이 그에게 이르되 나의 아버지여 아버지께서 여호와를 향하여 입을 여셨으니 아버지의 입에서 낸 말씀대로 내게 행하소서 이는 여호와께서 아버지를 위하여 아버지의 대적 암몬 자손에게 원수를 갚으셨음이니이다 하니라

37 또 그의 아버지에게 이르되 이 일만 내게 허락하사 나를 두 달만 버려 두소서 내가 내 여자 친구들과 산에 가서 나의 처녀로 죽음을 인하여 애곡하겠나이다 하니

38 그가 이르되 가라 하고 두 달을 기한하고 그를 보내니 그가 그 여자 친구들과 가서 산 위에서 처녀로 죽음을 인하여 애곡하고

39 두 달 만에 그의 아버지에게로 돌아온지라 그는 자기가 서원한 대로 딸에게 행하니 딸이 남자를 알지 못하였더라 이것이 이스라엘에 관습이 되어

40 이스라엘의 딸들이 해마다 가서 길르앗 사람 입다의 딸을 위하여 나흘씩 애곡하더라

12장

1 에브라임 사람들이 모여 북쪽으로 가서 입다에게 이르되 네가 암몬 자손과 싸우러 건너갈 때에 어찌하여 우리를 불러 너와 함께 가게 하지 아니하였느냐 우리가 반드시 너와 네 집을 불사르리라 하니

2 입다가 그들에게 이르되 나와 내 백성이 암몬 자손과 크게 싸울 때에 내가 너희를 부르되 너희가 나를 그들의 손에서 구원하지 아니한 고로

3 나는 너희가 도와 주지 아니하는 것을 보고 내 목숨을 돌보지 아니하고 건너가서 암몬 자손을 쳤더니 여호와께서 그들을 내 손에 넘겨 주셨거늘 너희가 어찌하여 오늘 내게 올라와서 나와 더불어 싸우고자 하느냐 하니라

4 입다가 길르앗 사람을 다 모으고 에브라임과 싸웠으며 길르앗 사람들이 에브라임을 쳐서 무찔렀으니 이는 에브라임의 말이 너희 길르앗 사람은 본래 에브라임에서 도망한 자로서 에브라임과 므낫세 중에 있다 하였음이라

5 길르앗 사람이 에브라임 사람보다 앞서 요단 강 나루턱을 장악하고 에브라임 사람의 도망하는 자가 말하기를 청하건대 나를 건너가게 하라 하면 길르앗 사람이 그에게 묻기를 네가 에브라임 사람이냐 하여 그가 만일 아니라 하면

6 그에게 이르기를 쉽볼렛이라 발음하라 하여 에브라임 사람이 그렇게 바로 말하지 못하고 십볼렛이라 발음하면 길르앗 사람이 곧 그를 잡아서 요단 강 나루턱에서 죽였더라 그 때에 에브라임 사람의 죽은 자가 사만 이천 명이었더라

7 입다가 이스라엘의 사사가 된 지 육 년이라 길르앗 사람 입다가 죽으매 길르앗에 있는 그의 성읍에 장사되었더라

8 그 뒤를 이어 베들레헴의 입산이 이스라엘의 사사가 되었더라

9 그가 아들 삼십 명과 딸 삼십 명을 두었더니 그가 딸들을 밖으로 시집 보냈고 아들들을 위하여는 밖에서 여자 삼십 명을 데려왔더라 그가 이스라엘의 사사가 된 지 칠 년이라

10 입산이 죽으매 베들레헴에 장사되었더라

11 그 뒤를 이어 스불론 사람 엘론이 이스라엘의 사사가 되어 십 년 동안 이스라엘을 다스렸더라

12 스불론 사람 엘론이 죽으매 스불론 땅 아얄론에 장사되었더라

13 그 뒤를 이어 비라돈 사람 힐렐의 아들 압돈이 이스라엘의 사사가 되었더라

14 그에게 아들 사십 명과 손자 삼십 명이 있어 어린 나귀 칠십 마리를 탔더라 압돈이 이스라엘의 사사가 된 지 팔 년이라

15 비라돈 사람 힐렐의 아들 압돈이 죽으매 에브라임 땅 아말렉 사람의 산지 비라돈에 장사되었더라

13장

1 이스라엘 자손이 다시 여호와의 목전에 악을 행하였으므로 여호와께서 그들을 사십 년 동안 블레셋 사람의 손에 넘겨 주시니라

2 소라 땅에 단 지파의 가족 중에 마노아라 이름하는 자가 있더라 그의 아내가 임신하지 못하므로 출산하지 못하더니

3 여호와의 사자가 그 여인에게 나타나서 그에게 이르시되 보라 네가 본래 임신하지 못하므로 출산하지 못하였으나 이제 임신하여 아들을 낳으리니

4 그러므로 너는 삼가 포도주와 독주를 마시지 말며 어떤 부정한 것도 먹지 말지니라

5 보라 네가 임신하여 아들을 낳으리니 그의 머리 위에 삭도를 대지 말라 이 아이는 태에서 나옴으로부터 하나님께 바쳐진 나실인이 됨이라 그가 블레셋 사람의 손에서 이스라엘을 구원하기 시작하리라 하시니

6 이에 그 여인이 가서 그의 남편에게 말하여 이르되 하나님의 사람이 내게 오셨는데 그의 모습이 하나님의 사자의 용모 같아서 심히 두려우므로 어디서부터 왔는지를 내가 묻지 못하였고 그도 자기 이름을 내게 이르지 아니하였으며

7 그가 내게 이르기를 보라 네가 임신하여 아들을 낳으리니 이제 포도주와 독주를 마시지 말며 어떤 부정한 것도 먹지 말라 이 아이는 태에서부터 그가 죽는 날까지 하나님께 바쳐진 나실인이 됨이라 하더이다 하니라

8 마노아가 여호와께 기도하여 이르되 주여 구하옵나니 주께서 보내셨던 하나님의 사람을 우리에게 다시 오게 하사 우리가 그 낳을 아이에게 어떻게 행할지를 우리에게 가르치게 하소서 하니

9 하나님이 마노아의 목소리를 들으시니라 여인이 밭에 앉았을 때에 하나님의 사자가 다시 그에게 임하였으나 그의 남편 마노아는 함께 있지 아니한지라

10 여인이 급히 달려가서 그의 남편에게 알리어 이르되 보소서 전일에 내게 오셨던 그 사람이 내게 나타났나이다 하매

11 마노아가 일어나 아내를 따라가서 그 사람에게 이르러 그에게 묻되 당신이 이 여인에게 말씀하신 그 사람이니이까 하니 이르되 내가 그로다 하니라

12 마노아가 이르되 이제 당신의 말씀대로 되기를 원하나이다 이 아이를 어떻게 기르며 우리가 그에게 어떻게 행하리이까

13 여호와의 사자가 마노아에게 이르되 내가 여인에게 말한 것들을 그가 다 삼가서

14 포도나무의 소산을 먹지 말며 포도주와 독주를 마시지 말며 어떤 부정한 것도 먹지 말고 내가 그에게 명령한 것은 다 지킬 것이니라 하니라

15 마노아가 여호와의 사자에게 말하되 구하옵나니 당신은 우리에게 머물러서 우리가 당신을 위하여 염소 새끼 하나를 준비하게 하소서 하니

16 여호와의 사자가 마노아에게 이르되 네가 비록 나를 머물게 하나 내가 네 음식을 먹지 아니하리라 번제를 준비하려거든 마땅히 여호와께 드릴지니라 하니 이는 그가 여호와의 사자인 줄을 마노아가 알지 못함이었더라

17 마노아가 또 여호와의 사자에게 말하되 당신의 이름이 무엇이니이까 당신의 말씀이 이루어질 때에 우리가 당신을 존귀히 여기리이다 하니

18 여호와의 사자가 그에게 이르되 어찌하여 내 이름을 묻느냐 내 이름은 기묘자라 하니라

19 이에 마노아가 염소 새끼와 소제물을 가져다가 바위 위에서 여호와께 드리매 이적이 일어난지라 마노아와 그의 아내가 본즉

20 불꽃이 제단에서부터 하늘로 올라가는 동시에 여호와의 사자가 제단 불꽃에 휩싸여 올라간지라 마노아와 그의 아내가 그것을 보고 그들의 얼굴을 땅에 대고 엎드리니라

21 여호와의 사자가 마노아와 그의 아내에게 다시 나타나지 아니하니 마노아가 그제야 그가 여호와의 사자인 줄 알고

22 그의 아내에게 이르되 우리가 하나님을 보았으니 반드시 죽으리로다 하니

23 그의 아내가 그에게 이르되 여호와께서 우리를 죽이려 하셨더라면 우리 손에서 번제와 소제를 받지 아니하셨을 것이요 이 모든 일을 보이지 아니하셨을 것이며 이제 이런 말씀도 우리에게 이르지 아니하셨으리이다 하였더라

24 그 여인이 아들을 낳으매 그의 이름을 삼손이라 하니라 그 아이가 자라매 여호와께서 그에게 복을 주시더니

25 소라와 에스다올 사이 마하네단에서 여호와의 영이 그를 움직이기 시작하셨더라

14장

1 삼손이 딤나에 내려가서 거기서 블레셋 사람의 딸들 중에서 한 여자를 보고

2 올라와서 자기 부모에게 말하여 이르되 내가 딤나에서 블레셋 사람의 딸들 중에서 한 여자를 보았사오니 이제 그를 맞이하여 내 아내로 삼게 하소서 하매

3 그의 부모가 그에게 이르되 네 형제들의 딸들 중에나 내 백성 중에 어찌 여자가 없어서 네가 할례 받지 아니한 블레셋 사람에게 가서 아내를 맞으려 하느냐 하니 삼손이 그의 아버지에게 이르되 내가 그 여자를 좋아하오니 나를 위하여 그 여자를 데려오소서 하니라

4 그 때에 블레셋 사람이 이스라엘을 다스린 까닭에 삼손이 틈을 타서 블레셋 사람을 치려 함이었으나 그의 부모는 이 일이 여호와께로부터 나온 것인 줄은 알지 못하였더라

5 삼손이 그의 부모와 함께 딤나에 내려가 딤나의 포도원에 이른즉 젊은 사자가 그를 보고 소리 지르는지라

6 여호와의 영이 삼손에게 강하게 임하니 그가 손에 아무것도 없이 그 사자를 염소 새끼를 찢는 것 같이 찢었으나 그는 자기가 행한 일을 부모에게 알리지 아니하였더라

7 그가 내려가서 그 여자와 말하니 그 여자가 삼손의 눈에 들었더라

8 얼마 후에 삼손이 그 여자를 맞이하려고 다시 가다가 돌이켜 그 사자의 주 검을 본즉 사자의 몸에 벌 떼와 꿀이 있는지라

9 손으로 그 꿀을 떠서 걸어가며 먹고 그의 부모에게 이르러 그들에게 그것을 드려서 먹게 하였으나 그 꿀을 사자의 몸에서 떠왔다고는 알리지 아니하였 더라

10 삼손의 아버지가 여자에게로 내려가매 삼손이 거기서 잔치를 베풀었으니 청년들은 이렇게 행하는 풍속이 있음이더라

11 무리가 삼손을 보고 삼십 명을 데려와서 친구를 삼아 그와 함께 하게 한지 라

12 삼손이 그들에게 이르되 이제 내가 너희에게 수수께끼를 내리니 잔치하는 이레 동안에 너희가 그것을 풀어 내게 말하면 내가 베옷 삼십 벌과 겉옷 삼 십 벌을 너희에게 주리라

13 그러나 그것을 능히 내게 말하지 못하면 너희가 내게 베옷 삼십 벌과 겉옷 삼십 벌을 줄지니라 하니 그들이 이르되 네가 수수께끼를 내면 우리가 그것 을 들으리라 하매

14 삼손이 그들에게 이르되 먹는 자에게서 먹는 것이 나오고 강한 자에게서 단 것이 나왔느니라 하니라 그들이 사흘이 되도록 수수께끼를 풀지 못하 였더라

15 일곱째 날에 이르러 그들이 삼손의 아내에게 이르되 너는 네 남편을 꾀어 그 수수께끼를 우리에게 알려 달라 하라 그렇지 아니하면 너와 네 아버지의 집을 불사르리라 너희가 우리의 소유를 빼앗고자 하여 우리를 청한 것이 아 니냐 그렇지 아니하냐 하니

16 삼손의 아내가 그의 앞에서 울며 이르되 당신이 나를 미워할 뿐이요 사랑하 지 아니하는도다 우리 민족에게 수수께끼를 말하고 그 뜻을 내게 알려 주지 아니하도다 하는지라 삼손이 그에게 이르되 보라 내가 그것을 나의 부모에 게도 알려 주지 아니하였거든 어찌 그대에게 알게 하리요 하였으나

17 칠 일 동안 그들이 잔치할 때 그의 아내가 그 앞에서 울며 그에게 강요함으로 일곱째 날에는 그가 그의 아내에게 수수께끼를 알려 주매 그의 아내가 그것을 자기 백성들에게 알려 주었더라

18 일곱째 날 해 지기 전에 성읍 사람들이 삼손에게 이르되 무엇이 꿀보다 달 겠으며 무엇이 사자보다 강하겠느냐 한지라 삼손이 그들에게 이르되 너희가 내 암송아지로 밭 갈지 아니하였더라면 내 수수께끼를 능히 풀지 못하였으리라 하니라

19 여호와의 영이 삼손에게 갑자기 임하시매 삼손이 아스글론에 내려가서 그곳 사람 삼십 명을 쳐죽이고 노략하여 수수께끼 푼 자들에게 옷을 주고 심히 노하여 그의 아버지의 집으로 올라갔고

20 삼손의 아내는 삼손의 친구였던 그의 친구에게 준 바 되었더라

15장

1 얼마 후 밀 거둘 때에 삼손이 염소 새끼를 가지고 그의 아내에게로 찾아 가서 이르되 내가 방에 들어가 내 아내를 보고자 하노라 하니 장인이 들어오지 못하게 하고

2 이르되 네가 그를 심히 미워하는 줄 알고 그를 네 친구에게 주었노라 그의 동생이 그보다 더 아름답지 아니하냐 청하노니 너는 그를 대신하여 동생을 아내로 맞이하라 하니

3 삼손이 그들에게 이르되 이번은 내가 블레셋 사람들을 해할지라도 그들에게 대하여 내게 허물이 없을 것이니라 하고

4 삼손이 가서 여우 삼백 마리를 붙들어서 그 꼬리와 꼬리를 매고 홰를 가지고 그 두 꼬리 사이에 한 홰를 달고

5 홰에 불을 붙이고 그것을 블레셋 사람들의 곡식 밭으로 몰아 들여서 곡식 단과 아직 베지 아니한 곡식과 포도원과 감람나무들을 사른지라

6 블레셋 사람들이 이르되 누가 이 일을 행하였느냐 하니 사람들이 대답하되 딤나 사람의 사위 삼손이니 장인이 삼손의 아내를 빼앗아 그의 친구에게 준 까닭이라 하였더라 블레셋 사람들이 올라가서 그 여인과 그의 아버지를 불 사르니라

7 삼손이 그들에게 이르되 너희가 이같이 행하였은즉 내가 너희에게 원수를 갚고야 말리라 하고

8 블레셋 사람들의 정강이와 넓적다리를 크게 쳐서 죽이고 내려가서 에담 바 위 틈에 머물렀더라

9 이에 블레셋 사람들이 올라와 유다에 진을 치고 레히에 가득한지라

10 유다 사람들이 이르되 너희가 어찌하여 올라와서 우리를 치느냐 그들이 대 답하되 우리가 올라온 것은 삼손을 결박하여 그가 우리에게 행한 대로 그에 게 행하려 함이로라 하는지라

11 유다 사람 삼천 명이 에담 바위 틈에 내려가서 삼손에게 이르되 너는 블레 셋 사람이 우리를 다스리는 줄을 알지 못하느냐 네가 어찌하여 우리에게 이 같이 행하였느냐 하니 삼손이 그들에게 이르되 그들이 내게 행한 대로 나도 그들에게 행하였노라 하니라

12 그들이 삼손에게 이르되 우리가 너를 결박하여 블레셋 사람의 손에 넘겨 주 려고 내려왔노라 하니 삼손이 그들에게 이르되 너희가 나를 치지 아니하겠 다고 내게 맹세하라 하매

13 그들이 삼손에게 말하여 이르되 아니라 우리가 다만 너를 단단히 결박하여 그들의 손에 넘겨 줄 뿐이요 우리가 결단코 너를 죽이지 아니하리라 하고 새 밧줄 둘로 결박하고 바위 틈에서 그를 끌어내니라

14 삼손이 레히에 이르매 블레셋 사람들이 그에게로 마주 나가며 소리 지를 때 여호와의 영이 삼손에게 갑자기 임하시매 그의 팔 위의 밧줄이 불탄 삼과 같이 그의 결박되었던 손에서 떨어진지라

15 삼손이 나귀의 새 턱뼈를 보고 손을 내밀어 집어들고 그것으로 천 명을 죽 이고

16 이르되 나귀의 턱뼈로 한 더미, 두 더미를 쌓았음이여 나귀의 턱뼈로 내가 천 명을 죽였도다 하니라

17 그가 말을 마치고 턱뼈를 자기 손에서 내던지고 그 곳을 라맛 레히라 이름 하였더라

18 삼손이 심히 목이 말라 여호와께 부르짖어 이르되 주께서 종의 손을 통하여 이 큰 구원을 베푸셨사오나 내가 이제 목말라 죽어서 할례 받지 못한 자들의 손에 떨어지겠나이다 하니

19 하나님이 레히에서 한 우묵한 곳을 터뜨리시니 거기서 물이 솟아나오는지라 삼손이 그것을 마시고 정신이 회복되어 소생하니 그러므로 그 샘 이름을 엔학고레라 불렀으며 그 샘이 오늘까지 레히에 있더라

20 블레셋 사람의 때에 삼손이 이스라엘의 사사로 이십 년 동안 지냈더라

16장

1 삼손이 가사에 가서 거기서 한 기생을 보고 그에게로 들어갔더니

2 가사 사람들에게 삼손이 왔다고 알려지매 그들이 곧 그를 에워싸고 밤새도록 성문에 매복하고 밤새도록 조용히 하며 이르기를 새벽이 되거든 그를 죽이리라 하였더라

3 삼손이 밤중까지 누워 있다가 그 밤중에 일어나 성 문짝들과 두 문설주와 문빗장을 빼어 가지고 그것을 모두 어깨에 메고 헤브론 앞산 꼭대기로 가니라

4 이 후에 삼손이 소렉 골짜기의 들릴라라 이름하는 여인을 사랑하매

5 블레셋 사람의 방백들이 그 여인에게로 올라가서 그에게 이르되 삼손을 꾀어서 무엇으로 말미암아 그 큰 힘이 생기는지 그리고 우리가 어떻게 하면 능히 그를 결박하여 굴복하게 할 수 있을는지 알아보라 그리하면 우리가 각각 은 천백 개씩을 네게 주리라 하니

6 들릴라가 삼손에게 말하되 청하건대 당신의 큰 힘이 무엇으로 말미암아 생기며 어떻게 하면 능히 당신을 결박하여 굴복하게 할 수 있을는지 내게 말하라 하니

7 삼손이 그에게 이르되 만일 마르지 아니한 새 활줄 일곱으로 나를 결박하면 내가 약해져서 다른 사람과 같으리라

8 블레셋 사람의 방백들이 마르지 아니한 새 활줄 일곱을 여인에게로 가져오매 그가 그것으로 삼손을 결박하고

9 이미 사람을 방 안에 매복시켰으므로 삼손에게 말하되 삼손이여 블레셋 사람들이 당신에게 들이닥쳤느니라 하니 삼손이 그 줄들을 끊기를 불탄 삼실을 끊음 같이 하였고 그의 힘의 근원은 알아내지 못하니라

10 들릴라가 삼손에게 이르되 보라 당신이 나를 희롱하여 내게 거짓말을 하였도다 청하건대 무엇으로 당신을 결박할 수 있을는지 이제는 내게 말하라 하니

11 삼손이 그에게 이르되 만일 쓰지 아니한 새 밧줄들로 나를 결박하면 내가 약해져서 다른 사람과 같으리라 하니라

12 들릴라가 새 밧줄들을 가져다가 그것들로 그를 결박하고 그에게 이르되 삼손이여 블레셋 사람이 당신에게 들이닥쳤느니라 하니 삼손이 팔 위의 줄 끊기를 실을 끊음 같이 하였고 그 때에도 사람이 방 안에 매복하였더라

13 들릴라가 삼손에게 이르되 당신이 이 때까지 나를 희롱하여 내게 거짓말을 하였도다 내가 무엇으로 당신을 결박할 수 있을는지 내게 말하라 하니 삼손이 그에게 이르되 그대가 만일 나의 머리털 일곱 가닥을 베틀의 날실에 섞어 짜면 되리라 하는지라

14 들릴라가 바디로 그 머리털을 단단히 짜고 그에게 이르되 삼손이여 블레셋 사람들이 당신에게 들이닥쳤느니라 하니 삼손이 잠을 깨어 베틀의 바디와 날실을 다 빼내니라

15 들릴라가 삼손에게 이르되 당신의 마음이 내게 있지 아니하면서 당신이 어찌 나를 사랑한다 하느냐 당신이 이로써 세 번이나 나를 희롱하고 당신의 큰 힘이 무엇으로 말미암아 생기는지를 내게 말하지 아니하였도다 하며

16 날마다 그 말로 그를 재촉하여 조르매 삼손의 마음이 번뇌하여 죽을 지경
이라

17 삼손이 진심을 드러내어 그에게 이르되 내 머리 위에는 삭도를 대지 아니하
였나니 이는 내가 모태에서부터 하나님의 나실인이 되었음이라 만일 내 머
리가 밀리면 내 힘이 내게서 떠나고 나는 약해져서 다른 사람과 같으리라
하니라

18 들릴라가 삼손이 진심을 다 알려 주므로 사람을 보내어 블레셋 사람들의 방
백들을 불러 이르되 삼손이 내게 진심을 알려 주었으니 이제 한 번만 올라
오라 하니 블레셋 방백들이 손에 은을 가지고 그 여인에게로 올라오니라

19 들릴라가 삼손에게 자기 무릎을 베고 자게 하고 사람을 불러 그의 머리털
일곱 가닥을 밀고 괴롭게 하여 본즉 그의 힘이 없어졌더라

20 들릴라가 이르되 삼손이여 블레셋 사람이 당신에게 들이닥쳤느니라 하니
삼손이 잠을 깨며 이르기를 내가 전과 같이 나가서 몸을 떨치리라 하였으나
여호와께서 이미 자기를 떠나신 줄을 깨닫지 못하였더라

21 블레셋 사람들이 그를 붙잡아 그의 눈을 빼고 끌고 가사에 내려가 놋 줄로
매고 그에게 옥에서 맷돌을 돌리게 하였더라

22 그의 머리털이 밀린 후에 다시 자라기 시작하니라

23 블레셋 사람의 방백들이 이르되 우리의 신이 우리 원수 삼손을 우리 손에
넘겨 주었다 하고 다 모여 그들의 신 다곤에게 큰 제사를 드리고 즐거워
하고

24 백성들도 삼손을 보았으므로 이르되 우리의 땅을 망쳐 놓고 우리의 많은 사
람을 죽인 원수를 우리의 신이 우리 손에 넘겨 주었다 하고 자기들의 신을
찬양하며

25 그들의 마음이 즐거울 때에 이르되 삼손을 불러다가 우리를 위하여 재주를
부리게 하자 하고 옥에서 삼손을 불러내매 삼손이 그들을 위하여 재주를 부
리니라 그들이 삼손을 두 기둥 사이에 세웠더니

26 삼손이 자기 손을 붙든 소년에게 이르되 나에게 이 집을 버틴 기둥을 찾아 그것을 의지하게 하라 하니라

27 그 집에는 남녀가 가득하니 블레셋 모든 방백들도 거기에 있고 지붕에 있는 남녀도 삼천 명 가량이라 다 삼손이 재주 부리는 것을 보더라

28 삼손이 여호와께 부르짖어 이르되 주 여호와여 구하옵나니 나를 생각하옵소서 하나님이여 구하옵나니 이번만 나를 강하게 하사 나의 두 눈을 뺀 블레셋 사람에게 원수를 단번에 갚게 하옵소서 하고

29 삼손이 집을 버틴 두 기둥 가운데 하나는 왼손으로 하나는 오른손으로 껴 의지하고

30 삼손이 이르되 블레셋 사람과 함께 죽기를 원하노라 하고 힘을 다하여 몸을 굽히매 그 집이 곧 무너져 그 안에 있는 모든 방백들과 온 백성에게 덮이니 삼손이 죽을 때에 죽인 자가 살았을 때에 죽인 자보다 더욱 많았더라

31 그의 형제와 아버지의 온 집이 다 내려가서 그의 시체를 가지고 올라가서 소라와 에스다올 사이 그의 아버지 마노아의 장지에 장사하니라 삼손이 이스라엘의 사사로 이십 년 동안 지냈더라

17장

1 에브라임 산지에 미가라 이름하는 사람이 있더니

2 그의 어머니에게 이르되 어머니께서 은 천백을 잃어버리셨으므로 저주하시고 내 귀에도 말씀하셨더니 보소서 그 은이 내게 있나이다 내가 그것을 가졌나이다 하니 그의 어머니가 이르되 내 아들이 여호와께 복 받기를 원하노라 하니라

3 미가가 은 천백을 그의 어머니에게 도로 주매 그의 어머니가 이르되 내가 내 아들을 위하여 한 신상을 새기며 한 신상을 부어 만들기 위해 내 손에서 이 은을 여호와께 거룩히 드리노라 그러므로 내가 이제 이 은을 네게 도로 주리라

4 미가가 그 은을 그의 어머니에게 도로 주었으므로 어머니가 그 은 이백을 가져다 은장색에게 주어 한 신상을 새기고 한 신상을 부어 만들었더니 그 신상이 미가의 집에 있더라

5 그 사람 미가에게 신당이 있으므로 그가 에봇과 드라빔을 만들고 한 아들을 세워 그의 제사장으로 삼았더라

6 그 때에는 이스라엘에 왕이 없었으므로 사람마다 자기 소견에 옳은 대로 행하였더라

7 유다 가족에 속한 유다 베들레헴에 한 청년이 있었으니 그는 레위인으로서 거기서 거류하였더라

8 그 사람이 거주할 곳을 찾고자 하여 그 성읍 유다 베들레헴을 떠나 가다가 에브라임 산지로 가서 미가의 집에 이르매

9 미가가 그에게 묻되 너는 어디서부터 오느냐 하니 그가 이르되 나는 유다 베들레헴의 레위인으로서 거류할 곳을 찾으러 가노라 하는지라

10 미가가 그에게 이르되 네가 나와 함께 거주하며 나를 위하여 아버지와 제사장이 되라 내가 해마다 은 열과 의복 한 벌과 먹을 것을 주리라 하므로 그 레위인이 들어갔더라

11 그 레위인이 그 사람과 함께 거주하기를 만족하게 생각했으니 이는 그 청년이 미가의 아들 중 하나 같이 됨이라

12 미가가 그 레위인을 거룩하게 구별하매 그 청년이 미가의 제사장이 되어 그 집에 있었더라

13 이에 미가가 이르되 레위인이 내 제사장이 되었으니 이제 여호와께서 내게 복 주실 줄을 아노라 하니라

18장

1 그 때에 이스라엘에 왕이 없었고 단 지파는 그 때에 거주할 기업의 땅을 구하는 중이었으니 이는 그들이 이스라엘 지파 중에서 그 때까지 기업을 분배 받지 못하였음이라

2 단 자손이 소라와 에스다올에서부터 그들의 가족 가운데 용맹스런 다섯 사람을 보내어 땅을 정탐하고 살피게 하며 그들에게 이르되 너희는 가서 땅을 살펴보라 하매 그들이 에브라임 산지에 가서 미가의 집에 이르러 거기서 유숙하니라

3 그들이 미가의 집에 있을 때에 그 레위 청년의 음성을 알아듣고 그리로 돌아가서 그에게 이르되 누가 너를 이리로 인도하였으며 네가 여기서 무엇을 하며 여기서 무엇을 얻었느냐 하니

4 그가 그들에게 이르되 미가가 이러이러하게 나를 대접하고 나를 고용하여 나를 자기의 제사장으로 삼았느니라 하니라

5 그들이 그에게 이르되 청하건대 우리를 위하여 하나님께 물어 보아서 우리가 가는 길이 형통할는지 우리에게 알게 하라 하니

6 그 제사장이 그들에게 이르되 평안히 가라 너희가 가는 길은 여호와 앞에 있느니라 하니라

7 이에 다섯 사람이 떠나 라이스에 이르러 거기 있는 백성을 본즉 염려 없이 거주하며 시돈 사람들이 사는 것처럼 평온하며 안전하니 그 땅에는 부족한 것이 없으며 부를 누리며 시돈 사람들과 거리가 멀고 어떤 사람과도 상종하지 아니함이라

8 그들이 소라와 에스다올에 돌아가서 그들의 형제들에게 이르매 형제들이 그들에게 묻되 너희가 보기에 어떠하더냐 하니

9 이르되 일어나 그들을 치러 올라가자 우리가 그 땅을 본즉 매우 좋더라 너희는 가만히 있느냐 나아가서 그 땅 얻기를 게을리 하지 말라

10 너희가 가면 평화로운 백성을 만날 것이요 그 땅은 넓고 그 곳에는 세상에 있는 것이 하나도 부족함이 없느니라 하나님이 그 땅을 너희 손에 넘겨 주셨느니라 하는지라

11 단 지파의 가족 중 육백 명이 무기를 지니고 소라와 에스다올에서 출발하여

12 올라가서 유다에 있는 기럇여아림에 진 치니 그러므로 그 곳 이름이 오늘까지 마하네 단이며 그 곳은 기럇여아림 뒤에 있더라

13 무리가 거기서 떠나 에브라임 산지 미가의 집에 이르니라

14 전에 라이스 땅을 정탐하러 갔던 다섯 사람이 그 형제들에게 말하여 이르되 이 집에 에봇과 드라빔과 새긴 신상과 부어 만든 신상이 있는 줄을 너희가 아느냐 그런즉 이제 너희는 마땅히 행할 것을 생각하라 하고

15 다섯 사람이 그 쪽으로 향하여 그 청년 레위 사람의 집 곧 미가의 집에 이르러 그에게 문안하고

16 단 자손 육백 명은 무기를 지니고 문 입구에 서니라

17 그 땅을 정탐하러 갔던 다섯 사람이 그리로 들어가서 새긴 신상과 에봇과 드라빔과 부어 만든 신상을 가져갈 때에 그 제사장은 무기를 지닌 육백 명과 함께 문 입구에 섰더니

18 그 다섯 사람이 미가의 집에 들어가서 그 새긴 신상과 에봇과 드라빔과 부어 만든 신상을 가지고 나오매 그 제사장이 그들에게 묻되 너희가 무엇을 하느냐 하니

19 그들이 그에게 이르되 잠잠하라 네 손을 입에 대라 우리와 함께 가서 우리의 아버지와 제사장이 되라 네가 한 사람의 집의 제사장이 되는 것과 이스라엘의 한 지파 한 족속의 제사장이 되는 것 중에서 어느 것이 낫겠느냐 하는지라

20 그 제사장이 마음에 기뻐하여 에봇과 드라빔과 새긴 우상을 받아 가지고 그 백성 가운데로 들어가니라

21 그들이 돌이켜서 어린 아이들과 가축과 값진 물건들을 앞세우고 길을 떠나더니

22 그들이 미가의 집을 멀리 떠난 때에 미가의 이웃집 사람들이 모여서 단 자손을 따라 붙어서

23 단 자손을 부르는지라 그들이 얼굴을 돌려 미가에게 이르되 네가 무슨 일로 이같이 모아 가지고 왔느냐 하니

24 미가가 이르되 내가 만든 신들과 제사장을 빼앗아 갔으니 이제 내게 오히려 남은 것이 무엇이냐 너희가 어찌하여 나더러 무슨 일이냐고 하느냐 하는지라

25 단 자손이 그에게 이르되 네 목소리를 우리에게 들리게 하지 말라 노한 자들이 너희를 쳐서 네 생명과 네 가족의 생명을 잃게 할까 하노라 하고

26 단 자손이 자기 길을 간지라 미가가 단 자손이 자기보다 강한 것을 보고 돌이켜 집으로 돌아갔더라

27 단 자손이 미가가 만든 것과 그 제사장을 취하여 라이스에 이르러 한가하고 걱정 없이 사는 백성을 만나 칼날로 그들을 치며 그 성읍을 불사르되

28 그들을 구원할 자가 없었으니 그 성읍이 베드르홉 가까운 골짜기에 있어서 시돈과 거리가 멀고 상종하는 사람도 없음이었더라 단 자손이 성읍을 세우고 거기 거주하면서

29 이스라엘에게서 태어난 그들의 조상 단의 이름을 따라 그 성읍을 단이라 하니라 그 성읍의 본 이름은 라이스였더라

30 단 자손이 자기들을 위하여 그 새긴 신상을 세웠고 모세의 손자요 게르솜의 아들인 요나단과 그의 자손은 단 지파의 제사장이 되어 그 땅 백성이 사로잡히는 날까지 이르렀더라

31 하나님의 집이 실로에 있을 동안에 미가가 만든 바 새긴 신상이 단 자손에게 있었더라

1 이스라엘에 왕이 없을 그 때에 에브라임 산지 구석에 거류하는 어떤 레위 사람이 유다 베들레헴에서 첩을 맞이하였더니

2 그 첩이 행음하고 남편을 떠나 유다 베들레헴 그의 아버지의 집에 돌아가서 거기서 넉 달 동안을 지내매

3 그의 남편이 그 여자에게 다정하게 말하고 그를 데려오고자 하여 하인 한 사람과 나귀 두 마리를 데리고 그에게로 가매 여자가 그를 인도하여 아버지의 집에 들어가니 그 여자의 아버지가 그를 보고 기뻐하니라

4 그의 장인 곧 그 여자의 아버지가 그를 머물게 하매 그가 삼 일 동안 그와 함께 머물며 먹고 마시며 거기서 유숙하다가

5 넷째 날 아침에 일찍이 일어나 떠나고자 하매 그 여자의 아버지가 그의 사위에게 이르되 떡을 조금 먹고 그대의 기력을 돋운 후에 그대의 길을 가라 하니라

6 두 사람이 앉아서 함께 먹고 마시매 그 여자의 아버지가 그 사람에게 이르되 청하노니 이 밤을 여기서 유숙하여 그대의 마음을 즐겁게 하라 하니

7 그 사람이 일어나서 가고자 하되 그의 장인의 간청으로 거기서 다시 유숙하더니

8 다섯째 날 아침에 일찍이 일어나 떠나고자 하매 그 여자의 아버지가 이르되 청하노니 그대의 기력을 돋우고 해가 기울도록 머물라 하므로 두 사람이 함께 먹고

9 그 사람이 첩과 하인과 더불어 일어나 떠나고자 하매 그의 장인 곧 그 여자의 아버지가 그에게 이르되 보라 이제 날이 저물어 가니 청하건대 이 밤도 유숙하라 보라 해가 기울었느니라 그대는 여기서 유숙하여 그대의 마음을 즐겁게 하고 내일 일찍이 그대의 길을 가서 그대의 집으로 돌아가라 하니

10 그 사람이 다시 밤을 지내고자 하지 아니하여 일어나서 떠나 여부스 맞은 편에 이르렀으니 여부스는 곧 예루살렘이라 안장 지운 나귀 두 마리와 첩이 그와 함께 하였더라

11 그들이 여부스에 가까이 갔을 때에 해가 지려 하는지라 종이 주인에게 이르되 청하건대 우리가 돌이켜 여부스 사람의 이 성읍에 들어가서 유숙하십시다 하니

12 주인이 그에게 이르되 우리가 돌이켜 이스라엘 자손에게 속하지 아니한 이방 사람의 성읍으로 들어갈 것이 아니니 기브아로 나아가리라 하고

13 또 그 종에게 이르되 우리가 기브아나 라마 중 한 곳에 가서 거기서 유숙하자 하고

14 모두 앞으로 나아가더니 베냐민에 속한 기브아에 가까이 이르러 해가 진지라

15 기브아에 가서 유숙하려고 그리로 돌아 들어가서 성읍 넓은 거리에 앉아 있으나 그를 집으로 영접하여 유숙하게 하는 자가 없었더라

16 저녁 때에 한 노인이 밭에서 일하다가 돌아오니 그 사람은 본래 에브라임 산지 사람으로서 기브아에 거류하는 자요 그 곳 사람들은 베냐민 자손이더라

17 노인이 눈을 들어 성읍 넓은 거리에 나그네가 있는 것을 본지라 노인이 묻되 그대는 어디로 가며 어디서 왔느냐 하니

18 그가 그에게 이르되 우리는 유다 베들레헴에서 에브라임 산지 구석으로 가나이다 나는 그 곳 사람으로서 유다 베들레헴에 갔다가 이제 여호와의 집으로 가는 중인데 나를 자기 집으로 영접하는 사람이 없나이다

19 우리에게는 나귀들에게 먹일 짚과 여물이 있고 나와 당신의 여종과 당신의 종인 우리들과 함께 한 청년에게 먹을 양식과 포도주가 있어 무엇이든지 부족함이 없나이다 하는지라

20 그 노인이 이르되 그대는 안심하라 그대의 쓸 것은 모두 내가 담당할 것이니 거리에서는 유숙하지 말라 하고

21 그를 데리고 자기 집에 들어가서 나귀에게 먹이니 그들이 발을 씻고 먹고 마시니라

22 그들이 마음을 즐겁게 할 때에 그 성읍의 불량배들이 그 집을 에워싸고 문을 두들기며 집 주인 노인에게 말하여 이르되 네 집에 들어온 사람을 끌어내라 우리가 그와 관계하리라 하니

23 집 주인 그 사람이 그들에게로 나와서 이르되 아니라 내 형제들아 청하노니 이같은 악행을 저지르지 말라 이 사람이 내 집에 들어왔으니 이런 망령된 일을 행하지 말라

24 보라 여기 내 처녀 딸과 이 사람의 첩이 있은즉 내가 그들을 끌어내리니 너희가 그들을 욕보이든지 너희 눈에 좋은 대로 행하되 오직 이 사람에게는 이런 망령된 일을 행하지 말라 하나

25 무리가 듣지 아니하므로 그 사람이 자기 첩을 붙잡아 그들에게 밖으로 끌어내매 그들이 그 여자와 관계하였고 밤새도록 그 여자를 능욕하다가 새벽 미명에 놓은지라

26 동틀 때에 여인이 자기의 주인이 있는 그 사람의 집 문에 이르러 엎드러져 밝기까지 거기 엎드러져 있더라

27 그의 주인이 일찍이 일어나 집 문을 열고 떠나고자 하더니 그 여인이 집 문에 엎드러져 있고 그의 두 손이 문지방에 있는 것을 보고

28 그에게 이르되 일어나라 우리가 떠나가자 하나 아무 대답이 없는지라 이에 그의 시체를 나귀에 싣고 행하여 자기 곳에 돌아가서

29 그 집에 이르러서는 칼을 가지고 자기 첩의 시체를 거두어 그 마디를 찍어 열두 덩이에 나누고 그것을 이스라엘 사방에 두루 보내매

30 그것을 보는 자가 다 이르되 이스라엘 자손이 애굽 땅에서 올라온 날부터 오늘까지 이런 일은 일어나지도 아니하였고 보지도 못하였도다 이 일을 생각하고 상의한 후에 말하자 하니라

1 이에 모든 이스라엘 자손이 단에서부터 브엘세바까지와 길르앗 땅에서 나와서 그 회중이 일제히 미스바에서 여호와 앞에 모였으니

2 온 백성의 어른 곧 이스라엘 모든 지파의 어른들은 하나님 백성의 총회에 섰고 칼을 빼는 보병은 사십만 명이었으며

3 이스라엘 자손이 미스바에 올라간 것을 베냐민 자손이 들었더라 이스라엘 자손이 이르되 이 악한 일이 어떻게 일어났는지 우리에게 말하라 하니

4 레위 사람 곧 죽임을 당한 여인의 남편이 대답하여 이르되 내가 내 첩과 더불어 베냐민에 속한 기브아에 유숙하러 갔더니

5 기브아 사람들이 나를 치러 일어나서 밤에 내가 묵고 있던 집을 에워싸고 나를 죽이려 하고 내 첩을 욕보여 그를 죽게 한지라

6 내가 내 첩의 시체를 거두어 쪼개서 이스라엘 기업의 온 땅에 보냈나니 이는 그들이 이스라엘 중에서 음행과 망령된 일을 행하였기 때문이라

7 이스라엘 자손들아 너희가 다 여기 있은즉 너희의 의견과 방책을 낼지니라 하니라

8 모든 백성이 일제히 일어나 이르되 우리가 한 사람도 자기 장막으로 돌아가지 말며 한 사람도 자기 집으로 들어가지 말고

9 우리가 이제 기브아 사람에게 이렇게 행하리니 곧 제비를 뽑아서 그들을 치되

10 우리가 이스라엘 모든 지파 중에서 백 명에 열 명, 천 명에 백 명, 만 명에 천 명을 뽑아 그 백성을 위하여 양식을 준비하고 그들에게 베냐민의 기브아에 가서 그 무리가 이스라엘 중에서 망령된 일을 행한 대로 징계하게 하리라 하니라

11 이와 같이 이스라엘 모든 사람이 하나 같이 합심하여 그 성읍을 치려고 모였더라

12 이스라엘 지파들이 베냐민 온 지파에 사람들을 보내어 두루 다니며 이르기를 너희 중에서 생긴 이 악행이 어찌 됨이냐

112

13 그런즉 이제 기브아 사람들 곧 그 불량배들을 우리에게 넘겨 주어서 우리가 그들을 죽여 이스라엘 중에서 악을 제거하여 버리게 하라 하나 베냐민 자손이 그들의 형제 이스라엘 자손의 말을 듣지 아니하고

14 도리어 성읍들로부터 기브아에 모이고 나가서 이스라엘 자손과 싸우고자 하니라

15 그 때에 그 성읍들로부터 나온 베냐민 자손의 수는 칼을 빼는 자가 모두 이만 육천 명이요 그 외에 기브아 주민 중 택한 자가 칠백 명인데

16 이 모든 백성 중에서 택한 칠백 명은 다 왼손잡이라 물매로 돌을 던지면 조금도 틀림이 없는 자들이더라

17 베냐민 자손 외에 이스라엘 사람으로서 칼을 빼는 자의 수는 사십만 명이니 다 전사라

18 이스라엘 자손이 일어나 벧엘에 올라가서 하나님께 여쭈어 이르되 우리 중에 누가 먼저 올라가서 베냐민 자손과 싸우리이까 하니 여호와께서 말씀하시되 유다가 먼저 갈지니라 하시니라

19 이스라엘 자손이 아침에 일어나 기브아를 대하여 진을 치니라

20 이스라엘 사람이 나가 베냐민과 싸우려고 전열을 갖추고 기브아에서 그들과 싸우고자 하매

21 베냐민 자손이 기브아에서 나와서 당일에 이스라엘 사람 이만 이천 명을 땅에 엎드러뜨렸으나

22 이스라엘 사람들이 스스로 용기를 내어 첫날 전열을 갖추었던 곳에서 다시 전열을 갖추니라

23 이스라엘 자손이 올라가 여호와 앞에서 저물도록 울며 여호와께 여쭈어 이르되 내가 다시 나아가서 내 형제 베냐민 자손과 싸우리이까 하니 여호와께서 말씀하시되 올라가서 치라 하시니라

24 그 이튿날에 이스라엘 자손이 베냐민 자손을 치러 나아가매

25 베냐민도 그 이튿날에 기브아에서 그들을 치러 나와서 다시 이스라엘 자손 만 팔천 명을 땅에 엎드러뜨렸으니 다 칼을 빼는 자였더라

26 이에 온 이스라엘 자손 모든 백성이 올라가 벧엘에 이르러 울며 거기서 여호와 앞에 앉아서 그 날이 저물도록 금식하고 번제와 화목제를 여호와 앞에 드리고

27 이스라엘 자손이 여호와께 물으니라 그 때에는 하나님의 언약궤가 거기 있고

28 아론의 손자인 엘르아살의 아들 비느하스가 그 앞에 모시고 섰더라 이스라엘 자손들이 여쭈기를 우리가 다시 나아가 내 형제 베냐민 자손과 싸우리이까 말리이까 하니 여호와께서 이르시되 올라가라 내일은 내가 그를 네 손에 넘겨 주리라 하시는지라

29 이스라엘이 기브아 주위에 군사를 매복하니라

30 이스라엘 자손이 셋째 날에 베냐민 자손을 치러 올라가서 전과 같이 기브아에 맞서 전열을 갖추매

31 베냐민 자손이 나와서 백성을 맞더니 꾀임에 빠져 성읍을 떠났더라 그들이 큰 길 곧 한쪽은 벧엘로 올라가는 길이요 한쪽은 기브아의 들로 가는 길에서 백성을 쳐서 전과 같이 이스라엘 사람 삼십 명 가량을 죽이기 시작하며

32 베냐민 자손이 스스로 이르기를 이들이 처음과 같이 우리 앞에서 패한다 하나 이스라엘 자손은 이르기를 우리가 도망하여 그들을 성읍에서 큰 길로 꾀어내자 하고

33 이스라엘 사람이 모두 그들의 처소에서 일어나서 바알다말에서 전열을 갖추었고 이스라엘의 복병은 그 장소 곧 기브아 초장에서 쏟아져 나왔더라

34 온 이스라엘 사람 중에서 택한 사람 만 명이 기브아에 이르러 치매 싸움이 치열하나 베냐민 사람은 화가 자기에게 미친 줄을 알지 못하였더라

35 여호와께서 이스라엘 앞에서 베냐민을 치시매 당일에 이스라엘 자손이 베냐민 사람 이만 오천백 명을 죽였으니 다 칼을 빼는 자였더라

36 이에 베냐민 자손이 자기가 패한 것을 깨달았으니 이는 이스라엘 사람이 기브아에 매복한 군사를 믿고 잠깐 베냐민 사람 앞을 피하매

37 복병이 급히 나와 기브아로 돌격하고 나아가며 칼날로 온 성읍을 쳤음이
더라

38 처음에 이스라엘 사람과 복병 사이에 약속하기를 성읍에서 큰 연기가 치솟
는 것으로 군호를 삼자 하고

39 이스라엘 사람은 싸우다가 물러가고 베냐민 사람은 이스라엘 사람 삼십 명
가량을 쳐죽이기를 시작하며 이르기를 이들이 틀림없이 처음 싸움 같이 우
리에게 패한다 하다가

40 연기 구름이 기둥 같이 성읍 가운데에서 치솟을 때에 베냐민 사람이 뒤를
돌아보매 온 성읍에 연기가 하늘에 닿았고

41 이스라엘 사람은 돌아서는지라 베냐민 사람들이 화가 자기들에게 미친 것
을 보고 심히 놀라

42 이스라엘 사람 앞에서 몸을 돌려 광야 길로 향하였으나 군사가 급히 추격하
며 각 성읍에서 나온 자를 그 가운데에서 진멸하니라

43 그들이 베냐민 사람을 에워싸고 기브아 앞 동쪽까지 추격하며 그 쉬는 곳에
서 짓밟으매

44 베냐민 중에서 엎드러진 자가 만 팔천 명이니 다 용사더라

45 그들이 몸을 돌려 광야로 도망하였으나 림몬 바위에 이르는 큰 길에서 이
스라엘이 또 오천 명을 이삭 줍듯 하고 또 급히 그 뒤를 따라 기돔에 이르러
또 이천 명을 죽였으니

46 이 날에 베냐민 사람으로서 칼을 빼는 자가 엎드러진 것이 모두 이만 오천
명이니 다 용사였더라

47 베냐민 사람 육백 명이 돌이켜 광야로 도망하여 림몬 바위에 이르러 거기에
서 넉 달 동안을 지냈더라

48 이스라엘 사람이 베냐민 자손에게로 돌아와서 온 성읍과 가축과 만나는 자
를 다 칼날로 치고 닥치는 성읍은 모두 다 불살랐더라

21장

1 이스라엘 사람들이 미스바에서 맹세하여 이르기를 우리 중에 누구든지 딸을 베냐민 사람에게 아내로 주지 아니하리라 하였더라

2 백성이 벧엘에 이르러 거기서 저녁까지 하나님 앞에 앉아서 큰 소리로 울며

3 이르되 이스라엘의 하나님 여호와여 어찌하여 이스라엘에 이런 일이 생겨서 오늘 이스라엘 중에 한 지파가 없어지게 하시나이까 하더니

4 이튿날에 백성이 일찍이 일어나 거기에 한 제단을 쌓고 번제와 화목제를 드렸더라

5 이스라엘 자손이 이르되 이스라엘 온 지파 중에 총회와 함께 하여 여호와 앞에 올라오지 아니한 자가 누구냐 하니 이는 그들이 크게 맹세하기를 미스바에 와서 여호와 앞에 이르지 아니하는 자는 반드시 죽일 것이라 하였음이라

6 이스라엘 자손이 그들의 형제 베냐민을 위하여 뉘우쳐 이르되 오늘 이스라엘 중에 한 지파가 끊어졌도다

7 그 남은 자들에게 우리가 어떻게 하면 아내를 얻게 하리요 우리가 전에 여호와로 맹세하여 우리의 딸을 그들의 아내로 주지 아니하리라 하였도다

8 또 이르되 이스라엘 지파 중 미스바에 올라와서 여호와께 이르지 아니한 자가 누구냐 하고 본즉 야베스 길르앗에서는 한 사람도 진영에 이르러 총회에 참여하지 아니하였으니

9 백성을 계수할 때에 야베스 길르앗 주민이 하나도 거기 없음을 보았음이라

10 회중이 큰 용사 만 이천 명을 그리로 보내며 그들에게 명령하여 이르되 가서 야베스 길르앗 주민과 부녀와 어린 아이를 칼날로 치라

11 너희가 행할 일은 모든 남자 및 남자와 잔 여자를 진멸하여 바칠 것이니라 하였더라

12 그들이 야베스 길르앗 주민 중에서 젊은 처녀 사백 명을 얻었으니 이는 아직 남자와 동침한 일이 없어 남자를 알지 못하는 자라 그들을 실로 진영으로 데려오니 이 곳은 가나안 땅이더라

년   월   일

121

13 온 회중이 림몬 바위에 있는 베냐민 자손에게 사람을 보내어 평화를 공포하게 하였더니

14 그 때에 베냐민이 돌아온지라 이에 이스라엘 사람이 야베스 길르앗 여자들 중에서 살려 둔 여자들을 그들에게 주었으나 아직도 부족하므로

15 백성들이 베냐민을 위하여 뉘우쳤으니 이는 여호와께서 이스라엘 지파들 중에 한 지파가 빠지게 하셨음이었더라

16 회중의 장로들이 이르되 베냐민의 여인이 다 멸절되었으니 이제 그 남은 자들에게 어떻게 하여야 아내를 얻게 할까 하고

17 또 이르되 베냐민 중 도망하여 살아 남은 자에게 마땅히 기업이 있어야 하리니 그리하면 이스라엘 중에 한 지파가 사라짐이 없으리라

18 그러나 우리가 우리의 딸을 그들의 아내로 주지 못하리니 이는 이스라엘 자손이 맹세하여 이르기를 딸을 베냐민에게 아내로 주는 자는 저주를 받으리라 하였음이로다 하니라

19 또 이르되 보라 벧엘 북쪽 르보나 남쪽 벧엘에서 세겜으로 올라가는 큰 길 동쪽 실로에 매년 여호와의 명절이 있도다 하고

20 베냐민 자손에게 명령하여 이르되 가서 포도원에 숨어

21 보다가 실로의 여자들이 춤을 추러 나오거든 너희는 포도원에서 나와서 실로의 딸 중에서 각각 하나를 붙들어 가지고 자기의 아내로 삼아 베냐민 땅으로 돌아가라

22 만일 그의 아버지나 형제가 와서 우리에게 시비하면 우리가 그에게 말하기를 청하건대 너희는 우리에게 은혜를 베풀어 그들을 우리에게 줄지니라 이는 우리가 전쟁할 때에 각 사람을 위하여 그의 아내를 얻어 주지 못하였고 너희가 자의로 그들에게 준 것이 아니니 너희에게 죄가 없을 것임이니라 하겠노라 하매

23 베냐민 자손이 그같이 행하여 춤추는 여자들 중에서 자기들의 숫자대로 붙들어 아내로 삼아 자기 기업에 돌아가서 성읍들을 건축하고 거기에 거주하였더라

24 그 때에 이스라엘 자손이 그 곳에서 각기 자기의 지파, 자기의 가족에게로 돌아갔으니 곧 각기 그 곳에서 나와서 자기의 기업으로 돌아갔더라

25 그 때에 이스라엘에 왕이 없으므로 사람이 각기 자기의 소견에 옳은 대로 행하였더라

룻기

그의 이웃 여인들이 그에게 이름을 지어 주되 나오미에게 아들이 태어났다 하여
그의 이름을 오벳이라 하였는데 그는 다윗의 아버지인 이새의 아버지였더라
The women living there said, "Naomi has a son." And they named him Obed.
He was the father of Jesse, the father of David.

룻기 RUTH 4:17

1장

1 사사들이 치리하던 때에 그 땅에 흉년이 드니라 유다 베들레헴에 한 사람이 그의 아내와 두 아들을 데리고 모압 지방에 가서 거류하였는데

2 그 사람의 이름은 엘리멜렉이요 그의 아내의 이름은 나오미요 그의 두 아들의 이름은 말론과 기룐이니 유다 베들레헴 에브랏 사람들이더라 그들이 모압 지방에 들어가서 거기 살더니

3 나오미의 남편 엘리멜렉이 죽고 나오미와 그의 두 아들이 남았으며

4 그들은 모압 여자 중에서 그들의 아내를 맞이하였는데 하나의 이름은 오르바요 하나의 이름은 룻이더라 그들이 거기에 거주한 지 십 년쯤에

5 말론과 기룐 두 사람이 다 죽고 그 여인은 두 아들과 남편의 뒤에 남았더라

6 그 여인이 모압 지방에서 여호와께서 자기 백성을 돌보시사 그들에게 양식을 주셨다 함을 듣고 이에 두 며느리와 함께 일어나 모압 지방에서 돌아오려 하여

7 있던 곳에서 나오고 두 며느리도 그와 함께 하여 유다 땅으로 돌아오려고 길을 가다가

8 나오미가 두 며느리에게 이르되 너희는 각기 너희 어머니의 집으로 돌아가라 너희가 죽은 자들과 나를 선대한 것 같이 여호와께서 너희를 선대하시기를 원하며

9 여호와께서 너희에게 허락하사 각기 남편의 집에서 위로를 받게 하시기를 원하노라 하고 그들에게 입 맞추매 그들이 소리를 높여 울며

10 나오미에게 이르되 아니니이다 우리는 어머니와 함께 어머니의 백성에게로 돌아가겠나이다 하는지라

11 나오미가 이르되 내 딸들아 돌아가라 너희가 어찌 나와 함께 가려느냐 내 태중에 너희의 남편 될 아들들이 아직 있느냐

12 내 딸들아 되돌아 가라 나는 늙었으니 남편을 두지 못할지라 가령 내가 소망이 있다고 말한다든지 오늘 밤에 남편을 두어 아들들을 낳는다 하더라도

13 너희가 어찌 그들이 자라기를 기다리겠으며 어찌 남편 없이 지내겠다고 결심하겠느냐 내 딸들아 그렇지 아니하니라 여호와의 손이 나를 치셨으므로 나는 너희로 말미암아 더욱 마음이 아프도다 하매

14 그들이 소리를 높여 다시 울더니 오르바는 그의 시어머니에게 입 맞추되 룻은 그를 붙좇았더라

15 나오미가 또 이르되 보라 네 동서는 그의 백성과 그의 신들에게로 돌아가나니 너도 너의 동서를 따라 돌아가라 하니

16 룻이 이르되 내게 어머니를 떠나며 어머니를 따르지 말고 돌아가라 강권하지 마옵소서 어머니께서 가시는 곳에 나도 가고 어머니께서 머무시는 곳에서 나도 머물겠나이다 어머니의 백성이 나의 백성이 되고 어머니의 하나님이 나의 하나님이 되시리니

17 어머니께서 죽으시는 곳에서 나도 죽어 거기 묻힐 것이라 만일 내가 죽는 일 외에 어머니를 떠나면 여호와께서 내게 벌을 내리시고 더 내리시기를 원하나이다 하는지라

18 나오미가 룻이 자기와 함께 가기로 굳게 결심함을 보고 그에게 말하기를 그치니라

19 이에 그 두 사람이 베들레헴까지 갔더라 베들레헴에 이를 때에 온 성읍이 그들로 말미암아 떠들며 이르기를 이이가 나오미냐 하는지라

20 나오미가 그들에게 이르되 나를 나오미라 부르지 말고 나를 마라라 부르라 이는 전능자가 나를 심히 괴롭게 하셨음이니라

21 내가 풍족하게 나갔더니 여호와께서 내게 비어 돌아오게 하셨느니라 여호와께서 나를 징벌하셨고 전능자가 나를 괴롭게 하셨거늘 너희가 어찌 나를 나오미라 부르느냐 하니라

22 나오미가 모압 지방에서 그의 며느리 모압 여인 룻과 함께 돌아왔는데 그들이 보리 추수 시작할 때에 베들레헴에 이르렀더라

2장

1 나오미의 남편 엘리멜렉의 친족으로 유력한 자가 있으니 그의 이름은 보아스더라

2 모압 여인 룻이 나오미에게 이르되 원하건대 내가 밭으로 가서 내가 누구에게 은혜를 입으면 그를 따라서 이삭을 줍겠나이다 하니 나오미가 그에게 이르되 내 딸아 갈지어다 하매

3 룻이 가서 베는 자를 따라 밭에서 이삭을 줍는데 우연히 엘리멜렉의 친족 보아스에게 속한 밭에 이르렀더라

4 마침 보아스가 베들레헴에서부터 와서 베는 자들에게 이르되 여호와께서 너희와 함께 하시기를 원하노라 하니 그들이 대답하되 여호와께서 당신에게 복 주시기를 원하나이다 하니라

5 보아스가 베는 자들을 거느린 사환에게 이르되 이는 누구의 소녀냐 하니

6 베는 자를 거느린 사환이 대답하여 이르되 이는 나오미와 함께 모압 지방에서 돌아온 모압 소녀인데

7 그의 말이 나로 베는 자를 따라 단 사이에서 이삭을 줍게 하소서 하였고 아침부터 와서는 잠시 집에서 쉰 외에 지금까지 계속하는 중이니이다

8 보아스가 룻에게 이르되 내 딸아 들으라 이삭을 주우러 다른 밭으로 가지 말며 여기서 떠나지 말고 나의 소녀들과 함께 있으라

9 그들이 베는 밭을 보고 그들을 따르라 내가 그 소년들에게 명령하여 너를 건드리지 말라 하였느니라 목이 마르거든 그릇에 가서 소년들이 길어 온 것을 마실지니라 하는지라

10 룻이 엎드려 얼굴을 땅에 대고 절하며 그에게 이르되 나는 이방 여인이거늘 당신이 어찌하여 내게 은혜를 베푸시며 나를 돌보시나이까 하니

11 보아스가 그에게 대답하여 이르되 네 남편이 죽은 후로 네가 시어머니에게 행한 모든 것과 네 부모와 고국을 떠나 전에 알지 못하던 백성에게로 온 일이 내게 분명히 알려졌느니라

12 여호와께서 네가 행한 일에 보답하시기를 원하며 이스라엘의 하나님 여호와께서 그의 날개 아래에 보호를 받으러 온 네게 온전한 상 주시기를 원하노라 하는지라

13 룻이 이르되 내 주여 내가 당신께 은혜 입기를 원하나이다 나는 당신의 하녀 중의 하나와도 같지 못하오나 당신이 이 하녀를 위로하시고 마음을 기쁘게 하는 말씀을 하셨나이다 하니라

14 식사할 때에 보아스가 룻에게 이르되 이리로 와서 떡을 먹으며 네 떡 조각을 초에 찍으라 하므로 룻이 곡식 베는 자 곁에 앉으니 그가 볶은 곡식을 주매 룻이 배불리 먹고 남았더라

15 룻이 이삭을 주우러 일어날 때에 보아스가 자기 소년들에게 명령하여 이르되 그에게 곡식 단 사이에서 줍게 하고 책망하지 말며

16 또 그를 위하여 곡식 다발에서 조금씩 뽑아 버려서 그에게 줍게 하고 꾸짖지 말라 하니라

17 룻이 밭에서 저녁까지 줍고 그 주운 것을 떠니 보리가 한 에바쯤 되는지라

18 그것을 가지고 성읍에 들어가서 시어머니에게 그 주운 것을 보이고 그가 배불리 먹고 남긴 것을 내어 시어머니에게 드리매

19 시어머니가 그에게 이르되 오늘 어디서 주웠느냐 어디서 일을 하였느냐 너를 돌본 자에게 복이 있기를 원하노라 하니 룻이 누구에게서 일했는지를 시어머니에게 알게 하여 이르되 오늘 일하게 한 사람의 이름은 보아스니이다 하는지라

20 나오미가 자기 며느리에게 이르되 그가 여호와로부터 복 받기를 원하노라 그가 살아 있는 자와 죽은 자에게 은혜 베풀기를 그치지 아니하도다 하고 나오미가 또 그에게 이르되 그 사람은 우리와 가까우니 우리 기업을 무를 자 중의 하나이니라 하니라

21 모압 여인 룻이 이르되 그가 내게 또 이르기를 내 추수를 다 마치기까지 너는 내 소년들에게 가까이 있으라 하더이다 하니

22 나오미가 며느리 룻에게 이르되 내 딸아 너는 그의 소녀들과 함께 나가고 다른 밭에서 사람을 만나지 아니하는 것이 좋으니라 하는지라

23 이에 룻이 보아스의 소녀들에게 가까이 있어서 보리 추수와 밀 추수를 마치 기까지 이삭을 주우며 그의 시어머니와 함께 거주하니라

3장

1 룻의 시어머니 나오미가 그에게 이르되 내 딸아 내가 너를 위하여 안식할 곳을 구하여 너를 복되게 하여야 하지 않겠느냐

2 네가 함께 하던 하녀들을 둔 보아스는 우리의 친족이 아니냐 보라 그가 오 늘 밤에 타작 마당에서 보리를 까불리라

3 그런즉 너는 목욕하고 기름을 바르고 의복을 입고 타작 마당에 내려가서 그 사람이 먹고 마시기를 다 하기까지는 그에게 보이지 말고

4 그가 누울 때에 너는 그가 눕는 곳을 알았다가 들어가서 그의 발치 이불을 들고 거기 누우라 그가 네 할 일을 네게 알게 하리라 하니

5 룻이 시어머니에게 이르되 어머니의 말씀대로 내가 다 행하리이다 하니라

6 그가 타작 마당으로 내려가서 시어머니의 명령대로 다 하니라

7 보아스가 먹고 마시고 마음이 즐거워 가서 곡식 단 더미의 끝에 눕는지라 룻이 가만히 가서 그의 발치 이불을 들고 거기 누웠더라

8 밤중에 그가 놀라 몸을 돌이켜 본즉 한 여인이 자기 발치에 누워 있는지라

9 이르되 네가 누구냐 하니 대답하되 나는 당신의 여종 룻이오니 당신의 옷자 락을 펴 당신의 여종을 덮으소서 이는 당신이 기업을 무를 자가 됨이니이다 하니

10 그가 이르되 내 딸아 여호와께서 네게 복 주시기를 원하노라 네가 가난하건 부하건 젊은 자를 따르지 아니하였으니 네가 베푼 인애가 처음보다 나중이 더하도다

11 그리고 이제 내 딸아 두려워하지 말라 내가 네 말대로 네게 다 행하리라 네가 현숙한 여자인 줄을 나의 성읍 백성이 다 아느니라

12 참으로 나는 기업을 무를 자이나 기업 무를 자로서 나보다 더 가까운 사람이 있으니

13 이 밤에 여기서 머무르라 아침에 그가 기업 무를 자의 책임을 네게 이행하려 하면 좋으니 그가 그 기업 무를 자의 책임을 행할 것이니라 만일 그가 기업 무를 자의 책임을 네게 이행하기를 기뻐하지 아니하면 여호와께서 살아 계심을 두고 맹세하노니 내가 기업 무를 자의 책임을 네게 이행하리라 아침까지 누워 있을지니라 하는지라

14 룻이 새벽까지 그의 발치에 누웠다가 사람이 서로 알아보기 어려울 때에 일어났으니 보아스가 말하기를 여인이 타작 마당에 들어온 것을 사람이 알지 못하여야 할 것이라 하였음이라

15 보아스가 이르되 네 겉옷을 가져다가 그것을 펴서 잡으라 하매 그것을 펴서 잡으니 보리를 여섯 번 되어 룻에게 지워 주고 성읍으로 들어가니라

16 룻이 시어머니에게 가니 그가 이르되 내 딸아 어떻게 되었느냐 하니 룻이 그 사람이 자기에게 행한 것을 다 알리고

17 이르되 그가 내게 이 보리를 여섯 번 되어 주며 이르기를 빈 손으로 네 시어머니에게 가지 말라 하더이다 하니라

18 이에 시어머니가 이르되 내 딸아 이 사건이 어떻게 될지 알기까지 앉아 있으라 그 사람이 오늘 이 일을 성취하기 전에는 쉬지 아니하리라 하니라

4장

1 보아스가 성문으로 올라가서 거기 앉아 있더니 마침 보아스가 말하던 기업 무를 자가 지나가는지라 보아스가 그에게 이르되 아무개여 이리로 와서 앉으라 하니 그가 와서 앉으매

2 보아스가 그 성읍 장로 열 명을 청하여 이르되 당신들은 여기 앉으라 하니 그들이 앉으매

3 보아스가 그 기업 무를 자에게 이르되 모압 지방에서 돌아온 나오미가 우리 형제 엘리멜렉의 소유지를 팔려 하므로

4 내가 여기 앉은 이들과 내 백성의 장로들 앞에서 그것을 사라고 네게 말하여 알게 하려 하였노라 만일 네가 무르려면 무르려니와 만일 네가 무르지 아니하려거든 내게 고하여 알게 하라 네 다음은 나요 그 외에는 무를 자가 없느니라 하니 그가 이르되 내가 무르리라 하는지라

5 보아스가 이르되 네가 나오미의 손에서 그 밭을 사는 날에 곧 죽은 자의 아내 모압 여인 룻에게서 사서 그 죽은 자의 기업을 그의 이름으로 세워야 할지니라 하니

6 그 기업 무를 자가 이르되 나는 내 기업에 손해가 있을까 하여 나를 위하여 무르지 못하노니 내가 무를 것을 네가 무르라 나는 무르지 못하겠노라 하는지라

7 옛적 이스라엘 중에는 모든 것을 무르거나 교환하는 일을 확정하기 위하여 사람이 그의 신을 벗어 그의 이웃에게 주더니 이것이 이스라엘 중에 증명하는 전례가 되지라

8 이에 그 기업 무를 자가 보아스에게 이르되 네가 너를 위하여 사라 하고 그의 신을 벗는지라

9 보아스가 장로들과 모든 백성에게 이르되 내가 엘리멜렉과 기룐과 말론에게 있던 모든 것을 나오미의 손에서 산 일에 너희가 오늘 증인이 되었고

10 또 말론의 아내 모압 여인 룻을 사서 나의 아내로 맞이하고 그 죽은 자의 기업을 그의 이름으로 세워 그의 이름이 그의 형제 중과 그 곳 성문에서 끊어지지 아니하게 함에 너희가 오늘 증인이 되었느니라 하니

11 성문에 있는 모든 백성과 장로들이 이르되 우리가 증인이 되나니 여호와께서 네 집에 들어가는 여인으로 이스라엘의 집을 세운 라헬과 레아 두 사람과 같게 하시고 네가 에브랏에서 유력하고 베들레헴에서 유명하게 하시기를 원하며

12 여호와께서 이 젊은 여자로 말미암아 네게 상속자를 주사 네 집이 다말이 유다에게 낳아준 베레스의 집과 같게 하시기를 원하노라 하니라

13 이에 보아스가 룻을 맞이하여 아내로 삼고 그에게 들어갔더니 여호와께서 그에게 임신하게 하시므로 그가 아들을 낳은지라

14 여인들이 나오미에게 이르되 찬송할지로다 여호와께서 오늘 네게 기업 무를 자가 없게 하지 아니하셨도다 이 아이의 이름이 이스라엘 중에 유명하게 되기를 원하노라

15 이는 네 생명의 회복자이며 네 노년의 봉양자라 곧 너를 사랑하며 일곱 아들보다 귀한 네 며느리가 낳은 자로다 하니라

16 나오미가 아기를 받아 품에 품고 그의 양육자가 되니

17 그의 이웃 여인들이 그에게 이름을 지어 주되 나오미에게 아들이 태어났다 하여 그의 이름을 오벳이라 하였는데 그는 다윗의 아버지인 이새의 아버지였더라

18 베레스의 계보는 이러하니라 베레스는 헤스론을 낳고

19 헤스론은 람을 낳았고 람은 암미나답을 낳았고

20 암미나답은 나손을 낳았고 나손은 살몬을 낳았고

21 살몬은 보아스를 낳았고 보아스는 오벳을 낳았고

22 오벳은 이새를 낳고 이새는 다윗을 낳았더라

쓰다 시리즈 - ㉒
|

사사기, 룻기.쓰다
JUDGES, RUTH WRITE

펴낸곳   에이프릴지저스
엮은이   에이프릴지저스 편집부

등 록   제2019-000161호
주 소   경기도 고양시 일산서구 주화로 180
전 화   031)908-3432 팩스 0504-230-0965
이메일   apriljesus2017@gmail.com

ISBN   979-11-90850-28-5 04230
ISBN   979-11-968349-3-7 04230(set)
값은 뒤표지에 있습니다. 잘못된 책은 바꿔 드립니다.

홈페이지   www.apriljesus.com
인스타그램 instagram.com/apriljesus

Ⓐ 에이프릴지저스